Rudolph Weigel

Kupferstichsammlung des Professor Schall in Breslau

Rudolph Weigel

Kupferstichsammlung des Professor Schall in Breslau

ISBN/EAN: 9783743397699

Hergestellt in Europa, USA, Kanada, Australien, Japan

Cover: Foto ©Thomas Meinert / pixelio.de

Manufactured and distributed by brebook publishing software
(www.brebook.com)

Rudolph Weigel

Kupferstichsammlung des Professor Schall in Breslau

Catalog

der

hinterlassenen schönen

Kupferstich-Sammlung

des

Professor Jos. Schall in Breslau,

welche

nebst einigen anderen Parthien von älteren Kupferstichen,
Portraits, Autographen und illustrirten Werken

Montag den 28. September 1868

und folgende Tage

zu Leipzig

im Rud. Weigel'schen Kunst-Auctions-Lokal

durch

Herrn Raths-Proclamator Engel

gegen baare Zahlung in Courant öffentlich versteigert wird.

Leipzig,
Druck von Bär & Hermann.
1868.

Die hinterlassene Kupferstichsammlung des Professors Joseph Schall in Breslau ist eine jener wenigen und seltenen Sammlungen, in welchen mit Ausschluss alles Mittelmässigen nur Gutes in voller Schönheit vertreten ist. Mit feinem Verständniss gesammelt, mit grosser Liebe gepflegt, wie ein unschätzbares Kleinod, hat der Verewigte eine lange Reihe von Jahren auf ihren Ausbau verwendet, keine Mühe, keine Kosten gescheut, um die Hauptwerke der Stecher aller Schulen in seinen Mappen zu vereinigen. Ich darf wohl sagen, dass ihm Dieses in vollstem Maasse gelungen ist; denn so viele Hauptblätter in so schönen und kostbaren Abdrücken finden sich selten in einer Privatsammlung beisammen. Es war der Wille des Verewigten, nur gute, für ihre Zeit und für die Entwickelung der Kupferstichkunst bedeutende Blätter zu sammeln und diese auch nur in gewählten und schönen Abdrücken. Wie schwer die Ausführung eines solchen Planes ist, namentlich bei grösserem Umfang einer Sammlung, wie oft gewechselt und getauscht werden muss, bis alle Anforderungen befriedigt sind, ist jedem Einsichtigen klar. Unter solchen Verhältnissen ist es nicht immer möglich, schöne Abdrücke stets in tadellos erhaltenen Exemplaren mit vollem Papierrand, ohne Flecke, Risse oder Brüche, namentlich bei den älteren Grabstichelblättern des 17. Jahrhunderts, zu erhalten. Wer stets die Hauptsache im Auge behält, den Gegenstand oder die Composition selbst und seine Reproduction in voller Kraft und Schönheit des Abdrucks, wird über kleine Mängel in der Erhaltung kein hartes Urtheil fällen, da es ja nicht der grössere oder schmälere Papierrand etc. ist, — oder es billiger Weise nicht sein sollte — welcher ein Blatt werthvoll und kostbar macht. Schönheit und Curiosität haben an und für sich Nichts mit einander gemein.

Der Verewigte ist als Restaurateur von Kupferstichen in weiteren Kreisen bekannt. Seine Erfahrungen in diesem Fach hat er in einer Schrift niedergelegt, welche vor vier Jahren in meinem Verlage erschienen ist. Nach diesen Erfahrungen hat er selbst an manchen Blättern seiner Sammlung Restaurationen etc. ausgeführt, wo sie nöthig waren, stets aber mit grosser Geschicklichkeit, oft kaum wahrnehmbar, oft nur als Präservativmittel gegen dünne Stellen im Papier und gegen Neigung zu Brüchen. — Vom Grundsatze ausgehend, dass die Kraft des Abdrucks durch den Gegensatz blendender Weisse des Papiers gehoben wird, hat der Verewigte fast alle Blätter seiner Sammlung, mit Ausnahme der neuen Stiche, durch das Bleichwasser gezogen. Er duldete keinen Fleck, auch nicht den unbedeutendsten, keinen Staub und keinen grauen Ton; er wollte ein blendend weisses Papier, wo es irgend erreichbar war. Er hat mit grosser Vorsicht diese Bleiche vollzogen und die schädlichen Folgen einer leichtfertigen Waschung von seinen Blättern fern zu halten gewusst. Wo einzelne Blätter — es sind nur wenige — in der Consistenz des Papiers etwas gelitten zu haben scheinen, habe ich es durch den Zusatz „gewaschen" angedeutet; doch wird auch bei diesen die Bemängelung durch die Schönheit des Abdruckes reichlich aufgewogen.

Der Sammlung des Prof. Schall habe ich noch zwei kleinere Parthien aus anderer Hand angehängt: eine kleine Sammlung meist altdeutscher Kupferstiche, eine Anzahl Portraits und Autographen von hervorragenden Persönlichkeiten aus der Zeit des dreissigjährigen Krieges.

Rudolph Weigel.

Kupferstiche.

Carl Agricola.

1. Die Grablegung Christi, nach Raphael's schöner Handzeichnung im Louvre (früher bei Graf Fries in Wien). Radirt. qu. fol. Schöner und seltener erster Abdruck vor der Schrift, nur mit den Künstlernamen. Mit wenig Rand und unbedeutenden Stockflecken.
2. Das Urtheil Salomonis. N. Poussin p. Radirt. qu. fol. Andr. 86.*) Guter und seltener erster Abdruck vor der Schrift, nur mit den Künstlernamen. Mit wenig Rand.
3. Das Leichenbegängniss eines Genius. Idem p. Radirt. qu. fol. A. 420. Schöner erster Abdruck vor der Schrift, nur mit den Künstlernamen und auf Tonpapier. Mit wenig Rand.

Sam. Amsler.

4. Joseph's Traumdeutung vor Pharao. P. v. Cornelius del. Hannoversches Kunstvereinsblatt. qu. fol. Guter Abdruck. Am Stichrand beschnitten und etwas stockfleckig.
5. St. Georg, nach dem Basrelief von L. v. Schwanthaler. Münchener Kunstvereinsblatt. gr. fol. Guter Abdruck.

Pietro Anderloni.

6. Il Giudizio di Salomone, nach Raphael's Fresko im Vatican. roy. fol. Schöner Abdruck eines Hauptblattes.
7. Moses, die Töchter des Jethro am Brunnen vertheidigend. N. Poussin p. gr. qu. fol. Andr. 44. Schöner Abdruck mit Anderloni's Stempel. Ohne Plattenrand.

---

*) Nic. Poussin. Verzeichniss der nach seinen Gemälden gefertigten Kupferstiche. Von Dr. A. Andresen. Leipzig 1863.

8. Die Ehebrecherin vor Christus, nach [Tizian's Bild in Mailand. gr. qu. fol. Vorzüglicher Abdruck mit der Adresse des ersten Druckers Tanner. Ohne Plattenrand.

Aug. Andorff.

9. Naturfreuden, nach Drake's Relief an der Statue Königs Friedrich Wilhelm III. im Thiergarten bei Berlin. qu. roy. fol. Gewählter Abdruck.

Piet. Aquila.

10ᵃ. 2 Bl. Die Anbetung der Weisen, und die Taufe Christi im Jordan, nach Raphael's Bildern in den Loggien. qu. fol. Beschnitten.

10ᵇ. Die Constantinsschlacht, nach Raphael. qu. roy. fol. auf vier zusammengesetzten Blättern. Gebräunt und oben rissig.

Franç. Aubertin.

11. Die Heerde am Fluss. C. W. E. Dietrich p. Aquatinta. qu. fol. Schöner Abdruck, jedoch bis zum Stich beschnitten.

12. Der Wasserfall. X. Berghem p. Aquatinta. roy. fol. Guter Abdruck. Ohne Plattenrand.

Rob. van Audenaerde.

13. Der Tod der heil. Demetria. P. da Cortona p. fol.

Bened. Audran.

14. Moses vertheidigt die Töchter Jethro's am Brunnen. C. le Brun p. gr. qu. fol. Le Blanc 9. Schöner alter Abdruck, wie die Folgenden. Ohne Plattenrand. Der obere Rand angesetzt.

15. Die Vermählung Mosis mit der Sephora. Idem p. gr. qu. fol. Le Bl. 10. Bis zum Stich beschnitten und aufgezogen.

16. Die Aufrichtung der ehernen Schlange. Idem p. qu. roy. fol. Le Bl. 12. Fast ohne Plattenrand.

17. Die Darstellung der Maria im Tempel. Idem p. gr. fol. Le Bl. 32. Bis nahe zum Stich beschnitten.

18. Die Taufe Christi im Jordan. F. Albani p. qu. roy. fol. Le Bl. 37. Sehr schöner Abdruck. Ein Bruch in der Mitte geglättet.

19. Die Aufrichtung des Kreuzes Christi. C. le Brun p. qu. roy. fol. Le Bl. 43. Vorzüglicher erster Abdruck mit der Jahreszahl 1706. Ohne Plattenrand und oben ein Rand angesetzt.

20. Paulus lässt zu Ephesus die Bücher der Magier verbrennen. E. le Sueur p. gr. qu. fol. Le Bl. 53. Ohne Plattenrand.

21. Charles le Goux de la Berchere. Brustbild. B. Boulogne p.
fol. Schöner Abdruck. Bis nahe zum Stich beschnitten.

Ger. Audrau.

22. Le Deluge. Die Sündfluth. R. Lafage del. gr. qu. fol.
R.-D. 1. Guter vierter Abdruck mit G. Valck's Adresse.
Im Unterrand ein Riss unterlegt.
23ᵃ. Passage de la Mer Rouge. Idem p. gr. qu. fol. R.-D. 4.
Guter dritter Abdruck mit derselben Adresse. Risse unterlegt.
23ᵇ. Derselbe Gegenstand. Andere Composition. F. Verdier
del. qu. roy. fol. auf 2 noch nicht zusammengefügten Blättern. R.-D. 3. Schöner zweiter Abdruck.
24. Die Flucht nach Egypten. Idem p. gr. fol. R.-D. 9.
Sehr schöner Abdruck.
25. Die Kreuztragung Christi. P. Mignard p. qu. roy. fol.
R.-D. 10. Schöner zweiter Abdruck. Eines Bruches
wegen aufgezogen.
26. Die Ehebrecherin vor Christus. N. Poussin p. gr. qu.
fol. R.-D. 14. Der Schriftrand abgeschnitten und eines
Risses wegen aufgezogen.
27. Die Verehrung des heil. Rosenkranzes. D. Dominichino p.
roy. fol. R.-D. 21. Vorzüglicher Abdruck. Ohne Plattenrand und im Schriftrand verschnitten.
28. Die Marter der heil. Agnes. Idem p. roy. fol. R.-D. 22.
Schöner Abdruck. Der Stich- und Schriftrand abgeschnitten. Aufgezogen.
29. S. Francisca, zur heil. Jungfrau betend. N. Poussin p. fol.
R.-D. 28. Schöner zweiter Abdruck. Mit wenig Rand.
30. Die Marter des heil. Laurentius. E. le Sueur p. roy. fol.
R.-D. 33. Vorzüglicher Abdruck, jedoch aufgezogen
und ohne Schrift- und Stichrand.
31. Die Marter des heil. Protasius. Idem inv. qu. roy. fol.
R.-D. 36. Schöner Abdruck. Ohne Plattenrand.
32. L'Empire de Flore. N. Poussin p. qu. fol. R.-D. 38.
Schöner Abdruck.
33. Der Sonnenwagen. E. le Sueur inv. 4. R.-D. 45. Guter zweiter Abdruck. Bis zum Stich beschnitten.
34. Die Zeit und die Wahrheit. N. Poussin p. gr. fol. R.-D.
46. Schöner Abdruck vor der Draperie der Wahrheit; leider die Schrift und bis zum Stich verschnitten.
Aufgezogen wegen kleiner Beschädigungen.
35. Aeneas rettet seinen Vater Anchises. D. Dominichino p.
fol. R.-D. 50. Ohne Plattenrand.

4

36. Ulysses entdeckt Achilles. H. Carracci inv. gr. fol. R.-D. 51. Schöner Abdruck. Ebenso.

37. Die Pest zu Aegina. P. Mignard p. gr. qu. fol. R.-D. 53. Guter vierter Abdruck, mit der beflügelten Juno und der Unterschrift: „Qu'a fait ce Peuple etc." Ohne Plattenrand.

38. Dasselbe Blatt in zweitem Druck vor der Retouche, den Flügeln der Juno etc. Mit wenig Rand und ein wenig merklicher Bruch unterlegt.

39. Die Rettung des Pyrrhus. N. Poussin p. qu. roy. fol. auf 2 noch nicht zusammengefügten Blättern. R.-D. 54. Schöner zweiter Abdruck. An der linken Seite ein schmaler Rand angesetzt.

40. Coriolan vor Rom. Idem p. Ebenso. R.-D. 55. Die linke Hälfte schöner und klarer von Druck als die rechte.

41. Der Schulmeister von Falerii. Idem del. qu. fol. R.-D. 56. Zweiter Abdruck vor dem „aux deux piliers d'or." Ohne Stichrand.

42. 4 Bl. Die berühmten Schlachten des Alexander, nach C. le Brun, in 2 und 4 Blättern, die hier noch nicht zusammengefügt sind. (Das dazu gehörige Zelt des Darius siehe unter Edelink.) qu. roy. fol. Capitalfolge in schönen und vorzüglichen alten Abdrücken, und vor der Correctur des Wortes „Pintre" in „Peintre."

43. Plafond der Gallerie des kleinen Königl. Zimmers zu Versailles. P. Mignard p. qu. imp. fol. auf 3 noch nicht zusammengefügten Blättern. R.-D. 83. Schöne alte Abdrücke.

44. Die Plafonds der Kuppel der Kirche Val de Grace zu Paris. Idem p. Grosse Rundung aus 6 hier nicht zusammengefügten Blättern bestehend. R.-D. 76. Ebenso.

45. Plafond der Capelle Sceaux; der Triumph des Neuen Bundes über den Alten. C. le Brun p. Grosse Rundung auf 5 hier nicht zusammengefügten Blättern. R.-D. 81. Ebenso.

46. Die vier Jahreszeiten, Plafond des Schlosses Vaux-le-Vicomte. Idem p. Grosses Oval von 4 nicht zusammengefügten Blättern. Vorzüglicher Abdruck. Von Robert-Dumesnil nicht beschrieben und nur in der Einleitung nach dem Catalog Paignon-Dijonval erwähnt, aber mit G. Audran sc. bezeichnet und sicher echt. Einige kleine Risse gut unterlegt.

47. Die Entführung des Ganymed. Tizian p. Achteck. gr. 4. R.-D. 100. Schöner und seltener zweiter Abdruck vor der Dedication.

48. Christus im Gebet am Oelberg. D. Dominichino p. gr.
fol. Sehr schöner Abdruck. Nach R.-D. pag. 248 wahr-
scheinlicher von Johann als von Gerhard Audran.
49. Der Martertod des heil. Stephan. C. le Brun p. gr. fol.
Vorzüglicher Abdruck. R.-D. führt das Blatt pag. 248
unter den zweifelhaften auf. Es ist in Audran's Styl gestochen, im Catalog der Chalcographie im Louvre aber unter
St. Picart eingetragen.
50. Der Martertod des Apostels Andreas. G. Reni inv. gr.
qu. fol. Schöner Abdruck. Ohne Plattenrand und auf-
aufgezogen. Nur mit G. Audran exc. bezeichnet und wahrscheinlich von Johann Audran gestochen. Von R.-D. nicht
aufgeführt.

Jean Audran.

51. Die Darstellung im Tempel. M. L. Corneille p. gr. qu.
fol. Le Bl. 23. Schöner alter Abdruck. Mit wenig Rand.
52. Die wunderbare Speisung der Fünftausend. Cl. Audran
inv. qu. roy. fol. Le Bl. 31. Sehr schöner Abdruck.
Unten ein Bruch gut unterlegt.
53. Die Auferweckung des Lazarus. J. Jouvenet p. qu. roy.
fol. Le Bl. 29. Schöner alter Abdruck. Ohne Plattenrand.
54. Der wunderbare Fischzug. Gegenstück zum vorigen Blatt.
Idem inv. qu. roy. fol. Le Bl. 28. Ebenso.
55. Der Raub der Sabinerinnen. N. Poussin p. gr. qu. fol.
Le Bl. 328. Verschnitten und aufgezogen. Die Schrift abgeschnitten.
56. Galathea. C. Maratti p. Recueil de Crozat. gr. qu. fol.
Le Bl. 105. Schöner alter Abdruck, mit der Nummer.
57. Le Couronnement de la Reine Marie de Medicis. P. P.
Rubens p. qu. roy. fol. Le Bl. 332. Vorzüglicher
Abdruck. Ohne Plattenrand.
58. Die Gefangennehmung der Königin Athalia. A. Coypel p.
qu. roy. fol. Schöner Abdruck, jedoch oben bis zum
Stich und die Unterschrift abgeschnitten. Aufgezogen.

Pierre Charles Bacquoy.

59. St. Gervais et St. Protais refusent de sacrifier aux Idoles.
E. le Sueur p. qu. roy. fol. Le Bl. 3. Ohne Plattenrand.

Jean Jos. Balechou.

60. Auguste III. Roi de Pologne. Ganze Figur mit dem Mohr.
H. Rigaud p. roy. fol. Le Bl. 66. Alter Abdruck. Unten ohne Plattenrand.

61. 2 Bl. Der Sturm, und die badenden Mädchen. J. Vernet p. gr. qu. fol. Schöne alte Abdrücke, leider am Stich beschnitten und die Schrift abgeschnitten.

Franc. Bartolozzi.

62. The Departure of Abram and Lot from Egypt. F. Zuccarelli p. Die Landschaft von W. Byrne gestochen. qu. fol. Guter Abdruck. Ohne Plattenrand.

63. Silentium (Maria mit dem schlafenden Kinde und Johannes). H. Carracci p. qu. fol. Schöner Abdruck. Mit wenig Rand.

64. Die Beschneidung des Jesuskindes. F. Guercino p. gr. fol. Ebenso, aber leider am Stich und die Schrift abgeschnitten und aufgezogen.

65. Die heil. Familie. C. Maratti p. Noch in Wagner's Schule gestochen. fol. Trefflicher Abdruck.

66. Die Ehebrecherin vor Christus. A. Carracci p. qu. fol. Guter Abdruck. Fast ohne Plattenrand und am Fuss des Apostels Petrus eine kleine Beschädigung.

67. 6 Bl. Verschiedene heilige Darstellungen, nach Zeichnungen des F. Guercino. fol. qu. fol. Mit bräunlichem Ton gedruckt.

68. Venus und Amor auf dem Ruhebett. L. Giordano p. qu. fol. Vorzüglicher Abdruck vor der Schrift, nur mit den Künstlernamen in Nadelschrift. Selten. Ohne Plattenrand und gut gewaschen, so dass die Spuren der Flecken nur gegen das Tageslicht gehalten sichtbar sind.

69. Clytia verwundet Amor mit einem Dorn. H. Carracci p. gr. fol. Schöner Abdruck. Fast ohne Plattenrand und einige kleine Risse unterlegt.

70. 4 Bl. Die Folge der Elemente. Landschaften mit reicher mythologischer Staffage. F. Albano inv. gr. fol. Treffliche Abdrücke dieser schön radirten Blätter. Ohne Plattenrand.

71. 4 Bl. Vulcan and Venus. Neptune and Amphitrite. A Sacrifice to Jupiter. Minerva visiting the Muses. C. B. Cipriani inv. Radirt und Aquatinta. Friesförmig. qu. fol. Aufgezogen.

72. Maria Stuart mit ihrem Sohn. Ganze Figur. F. Zuccaro p. fol. Schöner Abdruck. Ohne Plattenrand.

73. Henriette Frances, Vicomtess Duncannon. Ganze Figur. Lavinia Gräfin Spencer del. Radirt. fol. Ebenso. Bräunlich gedruckt.

74. Angelica Kaufmann. Halbfigur. J. Reynolds p. Punktirt. Oval fol. Schöner Abdruck. Ohne Plattenrand.

Adam v. Bartsch.

75. 2 Bl. Landschaften mit Heerden. W. Romeyn und H. Roos del. Radirt. kl. fol. Vor der Adresse von Frauenholz. Ohne Plattenrand.

Joh. Friedr. Bause.

76ᵃ. Der Orientale. C. W. E. Dietrich p. Radirt und Aquatinta. Keil 32.*) Guter dritter Abdruck.
76ᵇ. Der Persianer. F. Mieris p. fol. K. 33. Schöner alter Abdruck, wie die Folgenden.
77. Rosetta. C. Netscher p. fol. K. 36. Vorzüglicher Abdruck. Mit wenig Rand.
78. Peter I. Czar von Russland. Le Roy p. fol. K. 119. Im Schriftrand Bause's Name unter der Widmung abgeschnitten.
79. Friedrich der Grosse. A. Graff p. fol. K. 128.
80. Heinrich, Prinz von Preussen. Idem p. fol. K. 129. An der Platte beschnitten.
81. Gustav Adolph, König von Schweden. Fittler p. fol. K. 132. Unten ohne Plattenrand.
82. J. F. W. Jerusalem. A. F. Oeser p. fol. K. 164. Eines der vorzüglichsten Blätter des Meisters.
83. J. J. Spalding. A. Graff p. fol. K. 165. Sehr schöner Druck.
84. S. Morus. Idem p. fol. K. 168. Mit wenig Rand.
85. G. W. Rabener. Idem p. fol. K. 185. Ohne Plattenrand.
86. H. G. Koch. fol. K. 188.
87. Christ. Heinr. Koch. A. Graff p. fol. K. 189. Ohne Plattenrand.
88. J. G. Sulzer. Idem p. fol. K. 200.
89. J. R. Forster. Idem p. fol. K. 206. Vorzüglicher Abdruck.
90. 2 Bl. Joh. Gottl. Böhme, und dessen Gemahlin. Idem p. fol. K. 207. 208.
91. J. J. Bodmer. Idem p. fol. K. 212. Ohne Plattenrand.
92. 2 Bl. Minister v. Hoym, und J. G. Quandt. J. Bardou und A. Graff p. fol. K. 148. 236. Ohne Plattenrand und aufgezogen.

*) Catalog des Kupferstichwerkes von J. F. Bause beschrieben von G. Keil. Leipzig 1849.

Jacq. Firm. Beauvarlet.

93. Les Couseuses. G. Reni p. gr. qu. fol. Guter Abdruck dieses hübschen Blattes. Mit etwas Rand.
94. Triomphe de Mardochée. F. de Troy p. qu. roy. fol. Schöner Abdruck. Ohne Plattenrand.
95. Le Bourg-Mestre. A. van Ostade p. fol. Trefflicher Abdruck.

Charl. Clem. Bervic.

96. Louis Seize. Ganze Figur im Krönungsornat. Callet p. roy. fol. Capitalblatt in ausgezeichnet schönem Abdruck, vor der Zerschneidung der Platte. Vom Meister selbst handschriftlich bezeichnet.
97. L'Enlèvement de Dejanire. G. Reni p. gr. fol. Vorzüglicher Abdruck dieses schönen Blattes, leider an der Platte beschnitten.

Pietro Bettelini.

98. Die Anbetung der Hirten. A. van der Werff p. gr. fol. Schöner Abdruck. Ohne Plattenrand und aufgezogen.
99. Die Grablegung Christi. A. del Sarto p. gr. fol. Trefflicher Abdruck. Ebenso.
100. St. Johannes, das Evangelium schreibend. D. Dominichino p. gr. fol. Seltener erster Abdruck vor aller Schrift, die mit Bleistift eingeschrieben ist.
101. Die Himmelfahrt Mariä. G. Reni p. roy. fol. Aufgezogen.
102. St. Magdalena in Busse. B. Schidone p. gr. fol. Vortrefflicher Abdruck.
103. Galileo Galilei. Halbfigur. Passignani p. fol. Schöner Abdruck.

Vinc. Biondi.

104. St. Johannes der Täufer in der Wüste, nach Raphael's Bild in Florenz. fol. Trefflicher Abdruck. Mit wenig Rand.

Mich. Bisi.

105. Die Madonna auf dem Thron mit St. Antonius und Barbara, nach Luini's Fresko in Mailand. gr. fol. Prämienblatt der Mailänder Akademie in vortrefflichem Abdruck.

Corn. Bloemaert.

106. Die heil. Familie. H. Carracci p. fol. Sehr schöner Abdruck.
107. Petrus erweckt die Tabea. F. Guercino p. qu. fol.

Ebenfalls schöner Abdruck, aber am Stich verschnitten und aufgezogen.

J. J. de Boissieu.

108. Landschaft mit untergehender Sonne. Claude Lorrain p. Radirt. Aus der Folge. qu. 4. Alter Abdruck.
109. Der Waldeingang mit der Bauernhütte zur Rechten. Radirt. qu. fol. Alter Abdruck auf gerieftem Papier.

Boet. Bolswert.

110. Die Anbetung der Hirten. A. Bloemaert p. gr. fol. Schöner alter Abdruck. Auf dem Gewand des knieenden Hirten eine ziemlich grosse Restauration.
111. Die Ruhe auf der Flucht nach Egypten. Idem inv. fol. Ebenfalls alter Druck, aber bis zum Stich beschnitten und wegen Risse aufgezogen.
112. Die Auferweckung des Lazarus. P. P. Rubens inv. roy. fol. Basan 61. Sehr schöner Abdruck.

Schelte à Bolswert.

113. Das Fest des Herodes. P. P. Rubens p. gr. qu. fol. Bas. 41. Guter Abdruck.
114. Die Geburt Christi. Idem p. fol. Bas. 7. Schöner erster Abdruck mit M. van den Enden's Adresse. Mit einigen unbedeutenden, wenig sichtbaren Flecken.
115. Die Anbetung der Weisen. Idem p. Bas. 15. Ebenfalls schöner erster Abdruck mit M. van den Enden's Adresse.
116. Die Madonna bei dem Brunnen. Idem p. fol. Bas. 34. Erster Abdruck mit des Meisters Adresse. Bis an den Stich beschnitten und mit Rothstein übergittert.
117. Der wunderbare Fischzug. Idem p. qu. roy. fol. von drei hier zusammengefügten Blättern. Bas. 48. Trefflicher erster Abdruck mit der Adresse des Meisters.
118. Die Dornenkrönung Christi. A. van Dyck p. gr. fol. Capitalblatt in prachtvollem ersten Abdruck mit der Adresse des M. van den Enden.
119. Die Auferstehung Christi. P. P. Rubens p. fol. Bas. 109. Schöner Abdruck mit erster Adresse des M. van den Enden.
120. Die Bekehrung des Saulus. Idem p. gr. qu. fol. Aufgezogen, am Stich und die Schrift abgeschnitten.
121. Die Himmelfahrt Mariä. P. P. Rubens p. roy. fol. Bas. 4. Vorzüglicher Abdruck mit erster Adresse des M. van den Enden.

10

122. Die Himmelfahrt Mariä. Andere, oben nicht gerundete Composition. Idem p. roy. fol. Bas. 5. Schöner Abdruck, leider am Stich und der Schriftrand abgeschnitten. Aufgezogen.

123. Die vier Evangelisten. Idem inv. gr. fol. Bas. 128· Sehr schöner zweiter Abdruck mit N. Lauwers Adresse. Bis zum Stich beschnitten und wegen gut restaurirter Risse aufgezogen.

124. Die Kirchenväter und St. Clara. Idem p. gr. fol. Bas. 4. Schöner Abdruck mit erster Adresse. Ebenso.

125. Die Löwenjagd. Idem p. gr. qu. fol. Bas. 21. Alter Abdruck. Die Dedication abgeschnitten und wegen Risse aufgezogen und restaurirt.

Jacq. Bouillard.

126. Poliphile présenté à Eleutherilide. E. le Sueur p. gr. qu. fol. Schöner Abdruck. Ohne Plattenrand und oben ein Rand angesetzt.

John Browne.

127. Johannes in der Wüste predigend. S. Rosa p. gr. qu. fol. Vortrefflicher Abdruck. An den Seiten ohne Plattenrand und oben ein Rand angesetzt.

128. The Watering Place. P. P. Rubens p. gr. qu. fol. Prachtvoller Abdruck.

129. The Sportsman. C. Poussin p. qu. fol. Guter Abdruck. Ohne Plattenrand.

130. Cephalus und Procris. Claude Lorrain p. gr. qu. fol. Vorzüglicher Abdruck. Ohne Plattenrand und aufgezogen.

131. The Waggoner. P. P. Rubens p. gr. qu. fol. Schöner Abdruck.

132. Banditti Prisoners. J. und A. Both p. qu. roy. fol. Capitalblatt in gutem Abdruck. Ohne Plattenrand und oben ein Rand angesetzt.

133. Apollo and the Sibyl. Grosse Landschaft im heroischen Styl. S. Rosa p. qu. roy. fol. Vortrefflicher Abdruck, aber die Schrift und am Stich abgeschnitten und wegen bedeutender Restaurationen aufgezogen.

Joh. Burger.

134. Die Steinigung des heil. Stephanus, nach Schraudolph's Fresko im Dom zu Speyer. roy. fol.

Will. Byrne.

135. Bergige Landschaft mit Wasserfall und Figuren. F. Zuccarelli p.- qu. fol. Sehr schöner Abdruck.
136. Evening. Claude Lorrain p. gr. qu. fol. Schöner
Abdruck. Ohne Plattenrand.

Jos. Camarata.

137. St. Rochus vertheilt seine Habe unter die Armen. II. Carracci p. qu. roy. fol. Guter Abdruck. Bis nahe zum
Stich beschnitten und die Unterschrift abgeschnitten.

Angelo Campanella.

138. Antikes Wandgemälde in den Ruinen des Palastes des
Antoninus Pius 1777 aufgefunden. Aus einer Folge. qu.
roy. fol.

Agost. Carracci.

139. Aeneas trägt seinen Vater Anchises aus dem brennenden
Troja. F. Baroccio inv. gr. qu. fol. B. 110. Ein
Hauptblatt des Meisters in schönem alten Druck.
Der Schriftrand abgeschnitten. Aufgezogen.

G. Chasteau.

140. Die Propheten Daniel, David, Jonas und Habakuk in der
Capelle Chigi zu Rom. Raphael p. qu. fol. Die Schrift
bis zum Stich abgeschnitten. Eines Risses wegen aufgezogen.
141. Das Manualesen der Israeliten. N. Poussin p. gr. qu.
fol. Andr. 50. Schöner früherer Abdruck mit dem
Namen des Druckers Goyton.

Henr. Guill. Chatillon.

142. L'Archange St. Michel terrassant le Démon. Raphael p.
gr. fol. Schöner Abdruck mit dem Stempel des Künstlers. Ohne Plattenrand.

Franç. Chereau.

143. Melchior Cardinal de Polignac, im Lehnsessel. H. Rigaud p. fol. Alter zweiter Abdruck.
144. Eusebe Renaudot, im Lehnsessel. J. Ranc p. fol. Schöner alter Abdruck.

Galg. Cipriani.

145. Die Apostel Petrus und Paulus. G. Reni p. Unter R.
Morghen's Leitung gestochen. gr. fol. Schöner Abdruck.

Joh. Fr. Clemens.

146. Friedrich der Grosse kehrt von der Revue nach Potsdam

zurück, nach Cuningham. qu. roy. fol. Unvollende-
ter Probedruck in vorzüglichem Abdruck vor aller
Schrift. Selten. Bis nahe zum Stich beschnitten. Das
Erklärungsblatt eine Bause.

Benj. Rud. Comte.

147. Vue de la Cascade de St. Saphorin sur le Lac de Genève.
Bacler d'Albe p. gr. qu. fol. Ohne Plattenrand.

Corn. Cort.

148. Die Marter des heil. Stephanus. Tizian p. gr. fol. Verschnitten und aufgezogen.

Dom. Cunego.

149. 2 Bl. Der Prophet Ezechiel, und die Sibylla Erythraea
mit ihren Umgebungen, nach Michel Angelo's Bildern
in der Sixtina. roy. fol. Gute Abdrücke. Im breiten
Papierrand unten etwas fliegenfleckig.
150. 3 Bl. Die Gemälde des Michel Angelo in der Sixtina,
dabei das jüngste Gericht. In Umrissen. fol. qu. roy. fol.

Corn. van Dalen.

151. Die vier Kirchenväter. P. P. Rubens p. fol. Vorzüglicher erster Abdruck vor Blootelingh's Adresse.
152. Giorgione da Castel Franco. Tizian p. fol. Trefflicher Abdruck mit A. Blootelingh's Adresse.
153. Seb. de Piombo. Idem p. fol. Schöner alter Abdruck mit F. de Wit's Adresse. Ohne Plattenrand.

Carlo Dellarocca.

154. Die Anbetung der Weisen. B. Luini p. roy. fol. Ein
Hauptblatt in trefflichem Abdruck vor Vollen-
dung der Schrift, d. h. nur mit Nadelschrift und
vor der Adresse.

Aug. Bouch. Desnoyers.

155. Eliezer et Rebecca. N. Poussin p. gr. qu. fol. Vorzüglicher Abdruck mit dem Stempel des Meisters.
Mit 3 Linien Rand und unten links die Papierecke ergänzt.
156. La Visitation. Raphael p. gr. fol. Prächtiger Abdruck mit Nadelschrift und dem Stempel des Meisters. Mit 5 Linien Rand.
157. La Vierge au Linge. Idem p. gr. fol. Vorzüglicher
Abdruck mit dem Stempel des Meisters.
158. La Vierge de la Maison d'Albe. Idem p. gr. fol. Ebenso.
Mit 6 Linien Rand.

159. La Vierge au Poisson. Idem p. gr. fol. Vortrefflicher Abdruck mit dem Stempel des Meisters. Mit 5 Linien Rand.
160. La Belle Jardinière. Idem p. gr. fol. Guter Abdruck, aber gewaschen und ohne Plattenrand.
161. La Vierge aux Rochers. L. da Vinci p. gr. fol. Ebenfalls guter Abdruck, aber ohne Plattenrand und gewaschen.
162. Les Muses et les Piérides. Perin del Vaga p. gr. qu. fol. Vorzüglicher Abdruck. Ohne Plattenrand und wegen eines Risses im breiten Stichrand aufgezogen.
163. Belisaire. F. Gérard p. gr. fol. Sehr schöner Abdruck mit dem Stempel der beiden Köpfe. Leider sehr restaurirt, so dass oben an der Luft und am Knaben grosse Stücke eingesetzt sind.
164. La Charité. Raphael p. qu. fol. Schöner Abdruck in bräunlichem Ton. Gewaschen.

Louis Desplaces.

165. Die Verkündigung Mariä. L. Boulogne p. gr. fol. Sehr schöner Abdruck.
166. Christus heilt die Kranken am See Genezareth. Figurenreiche Composition. J. Jouvenet p. qu. roy. fol. Trefflicher alter Abdruck.
167. 2 Bl. Die Kreuzaufrichtung, und die Kreuzabnehmung Christi. Idem p. gr. fol. Gute alte Abdrücke. 1 Bl. ohne Plattenrand und mit Spuren von Tinteflecken.
168. 2 Bl. St. Bruno, und Kampf der Centauren und Lapithen. Idem p. C. le Brun p. fol. qu. fol. Alte Abdrücke. Bis zum Stich und die Schrift abgeschnitten.

F. Dinger.

169. S. Angelus Custos. Der Schutzengel. Th. Mintrop inv. fol. Schöner Abdruck.

Nic. Dorigny.

170. Die Verklärung Christi. Raphael p. roy. fol. Hauptblatt in vorzüglichem und seltenem ersten Abdruck vor dem Wort „eques."
171. Die Kreuzabnehmung. D. da Volterra p. roy. fol. Gegenstück zum vorigen Blatt und ebenfalls in erstem Druck vor dem Wort „eques." Bis zum Stich beschnitten und aufgezogen.
172. 8 Bl. Die Folge der berühmten Cartons Raphael's in Hamptoncourt. Dabei das Titelblatt. gr. qu. fol. Capi-

talfolge in schönen und vorzüglichen alten Abdrücken vor der Retouche von Strange, in dieser Eigenschaft selten. Ohne Plattenränder. 1 Bl. aufgezogen.

173. 4 Bl. Die Evangelisten, nach D. Dominichino's Bildern in der Andreaskirche zu Rom. roy. fol. Schöne Abdrücke.

174. Die heilige Dreieinigkeit. G. Reni p. roy. fol. Alter Abdruck.

175. 2 Bl. Die Marter des heil. Sebastian, und das Begräbniss der heil. Petronella. D. Dominichino und F. Guercino p. gr. fol. Alte Abdrücke. 1 Bl. oben etwas fleckig und Risse unterlegt.

176. 8 Bl. Der Weltschöpfer und die Planeten. Raphael inv. 4. Seltene Abdrücke in Roth. 1 Bl. fehlt. Ohne Plattenrand.

J. Dossier.

177. Die Verlobung der heil. Jungfrau. J. Jouvenet p. gr. fol. Schöner Abdruck. Die Schrift und am Stich abgeschnitten und wegen Brüche aufgezogen.

Pierre Drevet.

178. Die Opferung Isaaks. A. Coypel p. gr. fol. Vorzüglicher Abdruck. Bis zur Bordüre beschnitten.

179. Louis le Grand. Ganze Figur im Krönungsornat. H. Rigaud p. roy. fol. Capitalblatt in sehr schönem Abdruck. Leider die Schrift abgeschnitten, ohne Plattenrand und aufgezogen.

180. René de Beauvau, Erzbischof von Narbonne, im Lehnsessel. Idem p. fol. Prächtiger Abdruck von unübertrefflicher Schönheit.

181. Nic. Lambert, im Lehnsessel. N. de Largillière p. fol. Sehr schöner Abdruck.

182. Marie de Laubespine, Gattin des Vorigen. Idem p. fol. Gegenstück zum vorigen Blatt und von gleicher Schönheit.

183. Louis Henr. de Bourbon, Prince de Condé. Gobert p. fol. Schöner Abdruck. Beschnitten und wegen Risse aufgezogen.

184. Charles, Duc de Bourgogne. H. Rigaud p. gr. fol.

185. Louis, Dauphin de France, im Harnisch. Idem p. gr. fol. Schöner Abdruck, aber am Stich verschnitten und wegen Brüche aufgezogen.

186. Louis Alex. de Bourbon, Comte de Toulouse, im Harnisch

und mit dem Handschuh. Idem p. gr. fol. Schoner
Abdruck.
187. Philipp V. König von Spanien. Halbfigur. F. de Troy p.
gr. fol. Alter Abdruck. Bis an den Stich beschnitten.
188. André Hercule, Cardinal de Fleury, im Lehnsessel. II.
Rigaud p. gr. fol. Alter und guter zweiter Abdruck mit der Jahreszahl 1730. Fast bis zum Stich
beschnitten.
189. Hyaz. Rigaud, mit Skizzenbuch und Reisfeder. Se ipse p.
gr. fol. Schöner alter Abdruck vor der Jahreszahl 1721.
190. Marie, Herzogin von Nemours, im Lehnsessel. II. Rigaud p. fol. Vorzüglicher Abdruck. Bis nahe zum
Stich beschnitten, und in der Bordüre zwei kleine Risse
gut unterlegt.
191. Louis Hector, Duc de Villars, im Harnisch. Idem p. gr.
fol. Vorzüglicher erster Abdruck mit neun Zeilen
Schrift (die zweiten Abdrücke haben sechs Zeilen). Oben
und unten ein Rand angesetzt.
192. Ludovicus, Dux Aurelianensium. Brustbild. C. Coypel p.
4. Sehr schöner Abdruck.
193. Louis Auguste, Prince de Dombes, mit Krone und Scepter.
F. de Troy p. kl. fol. Ebenso. Ohne Plattenrand.

Pierre Imb. Drevet.

194. Rebecca und Eliezer am Brunnen. A. Coypel p. gr. fol.
Trefflicher Abdruck. Bis zum Stich beschnitten und
einige Risse gut unterlegt.
195. Die Darstellung des Jesuskindes im Tempel. L. Boulogne p. gr. qu. fol. Vorzüglicher Abdruck. Oben
ein Rand angesetzt.
196. Christus am Oelberg. J. Restout p. gr. fol. Schöner
Abdruck. Bis zur Bordüre beschnitten und aufgezogen.
197. Louis Quinze im Krönungsornat auf dem Thron. H. Rigaud p. roy. fol. Ein Hauptblatt des Meisters in
schönem Druck. Am Stich beschnitten und aufgezogen.
198. Guill. Cardinal Dubois, im Lehnsessel. Idem p. gr. fol.
Sehr schöner Abdruck. Ohne Plattenrand.
199. Jac. Benignus Bossuet. Ganze Figur. Idem p. fol. Vorzüglicher Abdruck vor den Punkten hinter pinxit.
Ohne Plattenrand.
200. Rob. de Cotte. Idem p. fol. Vorzüglicher erster
Abdruck vor dem Wort Architecte. Auf den Seiten ein Rand angesetzt.

16

201. Louis XV. König von Frankreich. Halbfigur in Oval.
Idem p. fol. Schöner Abdruck. Am Stich beschnitten und aufgezogen.
202. Arnoul de Loo, im Lehnstuhl. J. Jouvenet p. kl. fol.
Sehr schöner Abdruck. Selten.
203. Franc. de Salignac. Brustbild. J. Vivien p. gr. 4.
Schöner Abdruck.

Gasp. Duchange.

204. Das Gastmahl bei Simon dem Pharisäer. J. Jouvenet p-qu. roy. fol. Vorzüglicher Abdruck. Ohne Plattenrand.
205. Christus treibt die Wechsler aus dem Tempel. Idem p. qu. roy. fol. Vortrefflicher Abdruck.
206. Die Amazonenschlacht. P. P. Rubens p. qu. fol. Schöner Abdruck. Ohne Plattenrand.
207. L'Apotheose d'Henri IV. et la Regence de la Reine. Idem p. qu. roy. fol.
208. Charles de la Fosse, Maler. H. Rigaud p. fol. Receptionsblatt in altem Druck. Der Rand angesetzt.
209. Franc. Girardon. Idem p. fol. Receptionsblatt in schönem Druck. Ohne Plattenrand und mit Spuren von Flecken.

Claude Duflos.

210. St. Cäcilia. P. Mignard p. gr. fol. Guter alter Abdruck. Mit einem Flecken und im Rand Risse unterlegt.

Charl. Dupnis.

211. 2 Bl. Alexander Severus lässt Getreide vertheilen. Trajan ertheilt öffentlich Audienz. N. Coypel p. gr. qu. fol. Ohne Plattenrand und aufgezogen.
212. Passage du Rhin en présence des Ennemis 1672. Unteres Blatt einer allegorischen These. Der König als Blitze schleudernder Zeus. C. le Brun p. Von Preisler beendet. qu. roy. fol. Ausgezeichnet schöner Abdruck.

A. Dürer.

213. 2 Bl. Der heil. Hieronymus im Zimmer. fol. B. 60. Die Copie von Wierx, sowie eine zweite, weit täuschendere Copie. Aufgezogen.
214. Die Versuchung des heil. Antonius. Copie nach dem bekannten Stich von M. Schon. Der Copist hat fälschlich Dürer's Zeichen auf das Blatt gebracht. fol.

Rich. Earlom.

215. Bathseba bringing Abishag to David. A. van der Werff p.

Schwarzkunst, wie die Folgenden. gr. fol. Guter Abdruck. Mit wenig Plattenrand.
216. Der Triumph des Mardochai. G. van den Eeckhout p. gr. qu. fol. Sehr schöner Abdruck mit Nadelschrift. Im Schriftrand beriebene Stellen, die jedoch keinen Eintrag thun.
217. La Zingara. Maria mit dem Kind in einer Landschaft. A. Correggio p. gr. fol. Vorzüglicher Abdruck vor der Schrift, nur mit den Künstlernamen in Nadelschrift. Unten ohne Plattenrand.
218. The holy Family. P. P. Rubens p. gr. fol. Vortrefflicher Abdruck. Unten ohne Plattenrand.
219. Agrippina landet mit der Asche des Germanicus zu Brundisium. B. West p. qu. roy. fol. Schöner Abdruck mit Nadelschrift. Mit wenig Plattenrand und unten ohne denselben.
220. A Blacksmith's Shop. J. Wright p. gr. fol. Vorzüglicher Abdruck.
221. Portrait Rembrandt's. Se ipse p. gr. fol. Guter Abdruck. Bis zum Stich beschnitten.
222. Rembrandt's Wife. Rembrandt p. fol. Trefflicher Abdruck. Eine Falte geglättet.

Ger. Edelinck.

223. Le Déluge. Die Sündfluth. Alexander Veronese p. gr. qu. fol. R.-D. 1. Vortrefflicher alter Abdruck. Ohne Plattenrand und drei Brüche ausgepresst.
224. Die Verkündigung Mariä. N. Poussin p. gr. qu. fol. R.-D. 3. Vor der späteren Adresse. Ohne Plattenrand und aufgezogen.
225. Die heil. Familie, nach Raphael. fol. R.-D. 4. Die Schrift und am Stich abgeschnitten. Aufgezogen.
226. Die stickende Madonna. G. Reni p. fol. R.-D. 7. Liebliches Blatt in schönem alten Abdruck, aber mit denselben Mängeln des vorigen Blattes, jedoch nicht aufgezogen.
227. Christus am Kreuz mit den Engeln, oder das berühmte Engelkreuz. C. le Brun p. roy. fol. auf 2 hier zusammengefügten Blättern. R.-D. 17. Capitalblatt in sehr schönem alten zweiten Abdruck vor Drevet's Adresse. Bis zum Stich beschnitten und aufgezogen. An der Luft ein kleiner Riss unterlegt.
228. St. Carl Borromäus. Idem p. gr. fol. R.-D. 29. Prächtiger Abdruck. Bis zum Stich und der Schriftrand abgeschnitten. Aufgezogen.

229. St. Magdalena. Idem p. gr. fol. R.-D. 32. Guter Abdruck. Ebenso.

230. Die Familie des Darius vor den Füssen Alexander's des Grossen. Idem p. qu. roy. fol. auf 2 nicht zusammengefügten Blättern. R.-D. 42. Sehr schöner und vorzüglicher vierter Abdruck mit dem Namen Goyton.

231. Das Reitergefecht. L. da Vinci p. gr. qu. fol. R.-D. 44. Schöner alter Abdruck vor den Punkten. Am Stich beschnitten und aufgezogen.

232. Phil. de Champagne, Maler. Se ipse p. fol. R.-D. 164. Erster Abdruck vor dem Stichelglitscher.

233. Mart. Desjardins, Bildhauer. H. Rigaud p. fol. R.-D. 182. Guter dritter Abdruck mit Drevet's Adresse.

234. Charl. d'Hozier. Idem p. fol. R.-D. 184. Sehr schöner Abdruck.

235. Nath. Dilger. fol. R.-D. 185. Alter Abdruck. Ein Bruch unterlegt und der Rand angesetzt.

236. Cesar d'Estrées, Cardinalbischof. F. de Troy p. fol. R.-D. 197.

237. Charl. le Brun, Maler. N. de Largillière p. gr. fol. R.-D. 238. Schöner Abdruck.

238ᵃ. Fréd. Léonard, Buchdrucker. H. Rigaud p. gr. fol. R.-D. 242. Alter zweiter Abdruck.

238ᵇ. Dasselbe. Beschnitten und aufgezogen.

239. Jul. Paul de Lionne. J. Jouvenet p. gr. fol. R.-D. 247. Vorzüglicher erster Abdruck.

240. Pierre de Montarsis. A. Coypel p. fol. R.-D. 277. Trefflicher zweiter Abdruck mit den abgerundeten Plattenecken.

241. Charl. Mouton, musicirend. F. de Troy p. fol. R.-D. 281. Schöner und alter zweiter Abdruck vor den späteren Adressen. Mit der Schriftplatte unten.

242. Ludwig XIV. zu Pferd als siegreicher Imperator. Die sogenannte Friedensthese, von 2 nicht zusammengefügten Blättern. C. le Brun inv. imp. fol. R.-D. 259. Guter dritter Abdruck. Ein Riss unterlegt.

243. Derselbe Fürst zu Pferd, über die Laster triumphirend. Idem inv. Grosse Composition von 2 nicht zusammengefügten Blättern. imp. fol. Edelinck zugeschrieben, jedoch nicht von ihm und in R.-D. nicht aufgeführt. Schöner Abdruck.

Ed. Eichens.

244. Die Vision des Hesekiel. Raphael p. Düsseldorfer Kunstvereinsblatt. fol. Schöner Abdruck.
245. Die Anbetung der heil. drei Könige. Idem p. roy. fol. Ebenso.
246. 6 Bl. Der Kinderfries im neuen Museum zu Berlin. W. v. Kaulbach p. Schmal gr. qu. fol.

Herm. Eichens.

247. La Vierge dite de Séville, nach Murillo's Bild im Louvre. Mezzotinto. gr. fol. Vorzüglicher Abdruck.

Matth. Gottfr. Eichler.

248. Die Sündfluth. N. Poussin p. qu. fol. Andr. 4. Schöner erster Abdruck vor aller Schrift. Bis nahe zum Stich beschnitten.

Joh. Chr. Erhard.

249. 6 Bl. Die Folge der Ansichten vom Schneeberg. Radirt. qu. 4. Apell 11—16.*) Schöne alte Abdrücke.
250. 2 Bl. Die grossen Landschaften mit den Betsäulen. qu. 4. A. 83. 84. Schöne Abdrücke vor der Adresse und der Nummer.

Alois Fabri.

251. 4 Bl. Die Fortsetzung der von Volpato und R. Morghen gestochenen Stanzen, nach Raphael: a) der Schwur Leo's III.; b) die Krönung Karl's des Grossen; c) die Schenkung Roms; d) die Schlacht bei Ostia. qu. roy. fol. Vorzügliche Abdrücke, c) mit offener Schrift, d) vor aller Schrift. 1 Bl. gewaschen. Sämmtliche mit wenig Rand.

Jac. Felsing.

252. Die Aussetzung Moses. C. Köhler p. Düsseldorfer Kunstvereinsblatt. gr. qu. fol. Im Rand unten links stockfleckig.
253. La Madonna del Trono. A. del Sarto p. gr. fol. Schöner Abdruck. Auf den Seiten und oben ohne Plattenrand.
254. Die heil. Catharina. H. Mücke p. qu. fol. Ohne Plattenrand.
255. Die Poesie. C. Köhler p. Düsseldorfer Kunstvereinsblatt. fol. Schöner Abdruck aus dem zweiten Hundert. Im Papier leicht stockfleckig.

---

*) Das Werk des J. Ch. Erhard, beschrieben durch A. Apell. Dresden 1866.

256. Genoveva. E. Steinbrück p. fol. Prächtiger Abdruck. In der Bordüre kleine Stockflecke.
257. Lorelei. C. Sohn p. Düsseldorfer Kunstvereinsblatt. fol. Schöner Abdruck. An den Seiten und oben nur 5 Linien Papierrand.

Ant. Mich. Filhol.

258. Moyse sauvé des Eaux. N. Poussin p. Beendet von Nicquet. Die Figuren von Desnoyers. qu. fol. Andr. 448.

Giov. Folo.

259. Die Madonna mit den Candelabern. Virgo cum Puero Jesu. Raphael p. fol. Sehr schöner erster Abdruck mit nur einer Zeile Schrift. Die Ausfüllung derselben, sowie die Dedication sind mit der Feder hinzugefügt, und da das Blatt wegen Reinigung ins Wasser gebracht worden, so sind die Schriftzüge wie die Seitenränder des Bildrahmens etwas ausgelaufen.
260. St. Michael auf dem Satan. G. Reni p. roy. fol.

Fr. Forster.

261. La Vierge au Bas-Relief. L. da Vinci p. fol. Vortrefflicher Abdruck mit dem Stempel des Meisters. Ohne Plattenrand.

Joh. Jos. Freidhof.

262. Die Grablegung Christi. D. Dominichino p. Schwarzkunst, wie die Folgenden. gr. fol. Am Stich beschnitten, auch die Schrift abgeschnitten und aufgezogen.
263. Der Tod des Germanicus. N. Poussin p. gr. qu. fol. Andr. 330. Sehr schöner zweiter Abdruck vor der Schrift, nur mit den Künstlernamen. Unten ohne Plattenrand.
264. Der junge Alexander Severus wird zum Cäsar ernannt. G. Lairesse p. qu. roy. fol. Vorzüglicher zweiter Abdruck mit Nadelschrift. Aufgezogen.

Jac. Frey.

265. Noah's Opfer nach der Sundfluth. N. Poussin p. gr. qu. fol. Andr. 10. Schöner alter Abdruck, wie die Folgenden. Im Schriftrand ein Riss unterlegt.
266. Die letzte Communion des heil. Hieronymus. D. Dominichino p. gr. fol.
267. St. Romuald, oder die weissen Mönche. A. Sacchi p. gr. fol. Ohne Plattenrand.
268. Der Tod der heil. Anna. Idem p. gr. fol. Nicht so

schön von Druck, wie die andern Blätter. Unten ohne Plattenrand.

269. 4 Bl. Die Cardinaltugenden, nach D. Dominichino's Fresken. gr. fol. Treffliche Abdrücke.

Carl Frommel.

270. 2 Bl. Ponte Lupo, und Grotta delle Sirene a Tivoli. Radirt. fol.

271. Villa d'Este in Tivoli. gr. qu. fol. Nebst Erklärungsblatt. Vorzüglich schöner erster Abdruck vor der Schrift, nur mit dem Künstlernamen. Ohne Plattenrand.

272. Ariccia bei Rom. gr. qu. fol. Nebst Erklärungsblatt. Gegenstück zum Vorigen und ebenfalls in trefflichem ersten Abdruck vor der Schrift. Ohne Plattenrand und mit leichten gelben Stockflecken.

Phil. Fruytiers.

273. Jacob Edelheer. Fast Kniestück. Radirt. fol. Selten. Unten eine Papierecke ergänzt.

Mauro Gandolfi.

274. Judith mit dem Haupt des Holofernes. C. Allori p. fol. Schönes Blatt in zweitem Druck mit nur einer Zeile unausgefüllter Schrift und vor der Dedication.

Giov. Garavaglia.

275. Hagar e Ismaele nel Deserto. F. Baroccio p. fol. Schöner Abdruck dieses glänzend gestochenen Blattes. Ohne Plattenrand.

276. David mit Goliath's Haupt. F. Guercino p. fol. Schöner Abdruck.

277. Herodias empfängt das Haupt des Johannes. B. Luini p. qu. fol. Guter Abdruck.

278. Die heil. Familie, oder die Ruhe auf der Flucht nach Egypten. Raphael p. fol. Vortrefflicher Abdruck.

279. Die Madonna, nach Guido Reni. Brustbild. 4. Schöner Druck. Ohne Plattenrand.

280. Die Himmelfahrt Mariä. G. Reni p. roy. fol. Von Faust. Anderloni vollendet. Capitalblatt in vortrefflichem zweiten Druck mit nur einer Zeile unausgefüllter Schrift und dem Stempel des Meisters.

Jac. Gauermann.

281. 2 Bl. Die Wallfahrt der heil. Frauen zum Grabe Christi.

Die Jünger zu Emaus. Landschaften in heroischem Styl. Radirt. qu. fol. 1 Bl. in vorzüglichem Abdruck vor der Schrift. Ohne Plattenrand.

Adamo Ghisi.

282. 10 Bl. aus der Folge der Figuren-Studien, nach Michel Angelo Buonarroti. 8. B. 27—98. Scharf beschnitten.

Fried. Wilh. Gmelin.

283. 6 Bl. Die Folge der Ansichten bei Tivoli. kl. qu. fol. Schöne alte Abdrücke, wie die Folgenden. Gewaschen.

284. La Grotta di Nettuno a Tivoli 1816. gr. fol. Ohne Plattenrand.

285. 2 Bl. Die Grotte des Neptun zu Tivoli. Der Wasserfall des Velino bei Terni 1793. 1794. gr. fol. Vorzügliche Abdrücke vor der Schrift. Ohne Plattenrand.

286. 2 Bl. Les Cascatelles de Tivoli. Vue des petites Cascatelles à Tivoli. 1791. 1792. gr. qu. fol. Vorzügliche Abdrücke. Ebenso.

287. Veduta reale delle grandi Cascatelle di Tivoli 1808. gr. qu. fol. Vorzüglich schöner Abdruck vor der Schrift. Ebenso.

288. Veduta principale delle grandi e piccole Cascatelle di Tivoli 1808. gr. qu. fol. Vorzüglicher Abdruck. Ebenso und im Schriftrand zwei Risse unterlegt.

289. 2 Bl. Der See von Albano bei Rom. Das Mare Morto bei Neapel. Gegenstücke. gr. qu. fol. Schöne alte Abdrücke mit der Adresse.

290. Die Landschaft mit der Flucht nach Egypten. Claude Lorrain p. gr. qu. fol. Trefflicher Abdruck.

291. Die Mühle im Palast Doria. Idem p. gr. qu. fol. Vorzüglicher Abdruck.

292. Die Landschaft mit Rinaldo und Armida. C. Poussin p. gr. qu. fol. Schöner erster Abdruck vor der Schrift, nur mit den gerissenen Künstlernamen.

293. Kaiser Joseph II. Brustbild. J. Hickel p. kl. fol. Selten.

H. Goltzius.

294. Der Prophet Jesaias. Raphael p. kl. fol. B. 269. Beschnitten.

H. Goudt.

295. Der kleine Tobias. A. Elzheimer p. qu. 4. Guter Abdruck.

296. Philemon und Baucis. Idem p. qu. 4. Ebenso. Bis zum Stich beschnitten.

Val. Green.

297. Daniel interpreting to Belsazzar the Writing on the Wall. B. West p. Schwarzkunst, wie die Folgenden. gr. qu. fol. Schöner Abdruck mit Nadelschrift.

298. Der Kindermord zu Bethlehem. H. Carracci p. gr. qu. fol. Verschnitten (incl. der Schrift) und aufgezogen.

299. Der Tod des heil. Stephanus. B. West p. roy. fol. Seltenes Hauptblatt in vorzüglichem Abdruck vor der Schrift.

300. Der Schwur des Hannibal. Idem p. qu. roy. fol. Vor der Schrift.

301. Die Rückkehr des Regulus. Idem p. qu. roy. fol. Ebenso.

302. Die Luftpumpe. J. Wright p. gr. qu. fol. Ausgezeichnet schöner erster Abdruck vor der Schrift. Aufgezogen.

C. W. Griesmann.

303. Jairi's Töchterlein. Rembrandt p. Copie nach G. F. Schmidt. kl. qu. fol.

Pet. van Gunst.

304. William Villiers, Viscount Grandisson. Ganze Figur in einer Landschaft. A. van Dyck p. fol. Vorzüglicher Abdruck.

Heinr. Guttenberg.

305. Le Repos en Égypte. F. Baroccio p. 4. Schöner Abdruck. Ohne Plattenrand.

306. Portrait d'un Bourgemestre. Rembrandt p. 4. Schöner Abdruck.

Christ. Haldenwang.

307. Vue du Défilé du Pont de St. Maurice dans le Bas Valais. Bacler d'Albe p. qu. fol. Schöner Abdruck. Ohne Plattenrand.

308. 2 Bl. Ansichten vom Schlosse zu Heidelberg. Ch. de Graimberg del. qu. 4. Ebenso.

309. 4 Bl. Die Folge der Tageszeiten, nach Claude Lorrain. gr. qu. fol. Hauptblätter in vortrefflichen Abdrücken. 3 Bl. mit der Adresse des ersten Druckers Magdalener; der Morgen mit zweiter Adresse des Durand und Sauvé. Ohne Plattenrand.

310. Der Wetterstrahl. Ph. Hackert p. Aquatinta. gr. qu. fol. Unten ein Rand angesetzt.

311. Die Landschaft zur Erinnerung an Schiller. J. Mechau p. Aquatinta. qu. roy. fol. Schöner Abdruck. Selten.

John Hall.

312. Papst Clemens IX. im Lehnsessel. C. Maratti p. fol. Ohne Plattenrand.

Aug. Hoffmann.

313. Die Wiedererkennung Joseph's. P. v. Cornelius del. qu. fol. Im Schriftrand und an der Platte abgeschnitten.

314. Die Pieta mit den beiden Engeln. W. Schadow p. Düsseldorfer Kunstvereinsblatt. fol. Erster Abdruck vor dem Vermerk des Kunstvereins und auf Chines. Papier.

315. Die Madonna mit Hieronymus und Franciscus. Raphael p. fol. Ausgezeichnet schöner Abdruck mit unausgefüllter Schrift.

316. Moses. Aus der Folge der Kaulbach'schen Bilder im Neuen Museum in Berlin, wie die Folgenden. qu. fol. Gewählter Abdruck, wie die Folgenden.

317. Solon. qu. fol.

318. Die Geschichte. L. Jacoby sc. qu. fol.

319. Die Sage. Idem sc. qu. fol.

Sam. Jesi.

320. Benv. Cellini. G. Vasari p. kl. fol. Schöner Abdruck. Ohne Plattenrand.

Piet. de Jode.

321. Christus verleiht Petrus das Schlüsselamt. P. P. Rubens p. fol. Alter Abdruck, jedoch der Schriftrand und am Stich abgeschnitten, sowie aufgezogen.

Friedr. John.

322. Kaiser Joseph II. Halbfigur. H. Füger p. Punktirt. Oval 4. Ohne Plattenrand.

Feodor Iwanowitsch.

323. Die bronzene Thür des Ghiberti am Battisterium in Florenz. 11 Blatt nebst Erklärungsblatt. In Umrissen gestochen. fol. gr. qu. fol.

Jos. Keller.

324. Die klugen und thörichten Jungfrauen. W. Schadow del. qu. fol.

325. Der Weltheiland mit dem Kreuz. F. Overbeck inv. fol. Schöner Abdruck vor der Schrift und auf Chines. Papier.

326. Christus und die vier Evangelisten. J. Hübner p. fol. Gebräunt.

327. Die Himmelskönigin. Raphael inv. Copie nach dem
Stich von Marc Anton. kl. fol. Chines. Papier.
328. Die Himmelskönigin, stehend. E. Deger p. Düsseldorfer Kunstvereinsblatt. fol. Ohne Plattenrand.
329. Die Himmelskönigin, sitzend. Idem p. gr. fol. Schöner Abdruck vor der Titelschrift.
330. Roland befreit die Prinzessin Isabella von Gallizien. J.
Hübner p. Düsseldorfer Kunstvereinsblatt. qu. roy. fol.
Schöner Abdruck.
331. La Mort de Frédéric II. Hohenstaufen. C. F. Lessing p.
kl. qu. fol.
332. W. Schadow. J. Hübner del. 4. Chines. Papier.

Vinc. Kininger.

333. Die Ermordung des Julius Cäsar. H. Füger p. Schwarzkunst. qu. roy. fol. Vorzüglicher Abdruck.

J. A. Klein.

334. 2 Bl. Russischer Fuhrmann. Die drei ungarischen Och-
sen bei dem Heuwagen. Radirt. qu. 4. Jahn 103. 108.
Alte Abdrücke.

Friedr. Knolle.

335. Sancta Caecilia. C. Dolce p. fol. Schöner Abdruck
auf Chines. Papier. Ohne Plattenrand.

Wilh. v. Kobell.

336. Hirtenvergnügungen zur Abendszeit. Claude Lorrain p.
Aquatinta. qu. fol. Andr. 85.*) Ohne den ursprünglichen
Untersatzbogen.
337. 2 Bl. Der Wald mit der heimziehenden Heerde, und der
verdorrte Baum. Gegenstücke. J. Both und J. Wy-
nants p. Aquatinta. fol. A. 73. 120.

Carl Wilh. Kolbe.

338. Das Kräuterstudium mit dem Schäferpaar bei dem Brunnen. Radirt, wie die Folgenden. gr. qu. fol. Schöner
alter Abdruck.
339. Die Abendlandschaft im heroischen Styl. gr. qu. fol. Ebenso.
340. 2 Bl. Die beiden Kräuterstudien mit den ruhenden Scha-
fen und der Weinlaube. qu. fol. Seltene Aetzdrücke
vor der Luft. Ohne Plattenrand.

---

*) Die deutschen Maler-Radirer des 19. Jahrhunderts. Von Dr.
A. Andresen. I. II. Bd. Leipzig 1866. 1867.

341. 6 Bl. aus der Folge der Landschaften, nach S. Gessner. fol. qu. fol.

342. 2 Bl. Die beiden Reiter auf der Brücke, und der Thorweg unter alten Eichen. qu. fol.

343. Die ruhende Heerde. fol. Alter Abdruck.

344. Das Weidengebüsch. qu. fol. Ebenso.

345. 2 Bl. Der Hirt am Fluss, und der Hirt und der Satyr. qu. 4. Ebenso.

Nic. Lauwers.

346. Die Anbetung der Weisen. P. P. Rubens p. gr. fol. Bas. 17. Guter alter Abdruck. Ohne Plattenrand.

347. Das grosse Ecce Homo. Idem p. gr. fol. Bas. 74. Alter Abdruck. Der Schriftrand und bis nahe zum Stich abgeschnitten.

Achill. Léfèvre.

348. Die Nacht des Correggio. A. Correggio p. gr. fol. Vorzüglicher Abdruck auf Chines. Papier.

349. Die Madonna des heil. Sebastian. Idem p. gr. fol. Sehr schöner Abdruck.

Jean Mar. Léroux.

350. La Vierge du Musée de Parme. A. Correggio p. fol. Vorzüglicher Abdruck.

Dan. Lerpinière.

351. 2 Bl. Nördliche und südliche Ansicht von London. G. Robertson p. gr. qu. fol. Schöne Abdrücke.

Fréd. Lignon.

352. St. Magdeleine. Brustbild. G. Reni p. fol. Schöner Abdruck. Gewaschen.

353. St. Cäcilia. D. Dominichino p. fol. Schöner Druck. Ebenso und unten ohne Plattenrand.

354. La jenne Soeur hospitalière. C. de Crespi-le-Prince inv., A. Devéria p. gr. fol. Schöner Abdruck vor der Schrift und auf Chines. Papier. Ohne Plattenrand.

Alex. Loir.

355. Die Anbetung der Weisen. J. Jouvenet p. gr. fol. Schöner alter Abdruck. Ohne Plattenrand.

356. Die Darstellung im Tempel. Idem p. gr. fol. Alter Abdruck. Ebenso.

357. Die Abnehmung Christi vom Kreuz. Idem p. gr. fol. Ebenso. Gewaschen.

358. Der Kindermord zu Bethlehem. C. le Brun p. qu. roy. fol. auf 2 hier zusammengefügten Blättern. Guter Abdruck.
359. Der Engelsturz. Idem p. roy. fol. auf 2 hier zusammengefügten Blättern. Hauptblatt in ganz vorzüglichem Abdruck. Der Schriftrand abgeschnitten, aufgezogen, bis zum Stich beschnitten.

Gios. Longhi.

360. Die Vermählung Joseph's und Mariä. Raphael p. roy. fol. Capitalblatt in trefflichem früheren Abdruck vor der Retouche und der Inschrift am Tempel, mit der Stahlnummer 100, mithin das hundertste Exemplar der Subscriptionsabzüge.
361. Die heil. Familie. Nunc ego mitto etc. Idem p. fol. Schöner zweiter Abdruck mit unausgefüllter Schrift und vor der Dedication, von grosser Klarheit.
362. La Madonna del Lago. L. da Vinci inv., M. d'Oggione p. Rund fol. Vorzüglicher zweiter Abdruck mit den Versen (die dritten Abdrücke haben die Dedication).
363. Die Grablegung Christi. D. Crespi p. Radirt. fol. Schöner Abdruck.
364. La Maddalena del Correggio. qu. fol. Vortrefflicher Abdruck vor der Retouche und auf dünnem Papier.
365. Mich. Ang. Buonarroti. Oval 4. Ohne Plattenrand.
366. Bildniss eines Mannes mit Buch und Stock. Rembrandt p. Radirt. kl. fol. Ganz vorzüglicher Abdruck. Mit wenig Rand.
367. Borgomastro Olandese. Idem p. kl. fol. Vortrefflicher Abdruck.

Const. Louis Lorichon.

368. Vierge du Palais de Bridge-Water. Raphael p. fol. Vorzüglicher zweiter Abdruck mit unausgefüllter Schrift.
369. Vierge du Palais Pitti. Idem p. fol. Ebenfalls in vorzüglichem zweiten Druck mit unausgefüllter Schrift und dem Stempel des Meisters. Mit nicht viel Rand.

Fried. Aug. Ludy.

370. Das Jesuskind auf einem Lamm von Johannes geführt. Th. Mintrop inv. qu. fol.

Th. Major.

371. Vue de Flandre. P. P. Rubens p. qu. fol. Schöner Abdruck. Mit wenig Plattenrand.

Ed. Mandel.

372. La Madonna Colonna. Raphael p. fol. Sehr schöner Abdruck.
373. Fried. Wilh. Bessel. Brustbild. J. Wolff p. fol. Vortrefflicher Abdruck, auf Chines. Papier.
374. Carl I. König von England. A. van Dyck p. fol. Vorzüglicher Abdruck.
375. Ant. van Dyck. Se ipse p. fol. Ebenfalls schöner Abdruck.

Jean Mariette.

376. Christus nach der Versuchung von Engeln bedient. C. le Brun p. gr. fol. Schöner alter Abdruck. Ein Bruch unterlegt.

Gios. Marri.

377. Madonna detta la Perla. Raphael p. gr. fol. Vortrefflicher Abdruck.
378. Johannes als Knabe in der Wüste ruhend. Von Longhi vollendet. H. Carracci p. qu. fol. Schöner Abdruck.

Ach. Martinet.

379. Le Sommeil de Jésus. Raphael p. gr. fol. Vorzüglicher früher Druck.

Jean Massard.

380. Hagar reçue par Abraham. A. van der Werff p. gr. fol. Seltener erster Abdruck vor der Schrift. Ohne Plattenrand und im Schriftrand eine kleine restaurirte Stelle.

Raph. Urb. Massard.

381. Sainte Cécile. Raphael p. gr. fol. Schöner Abdruck vor der Retouche und Zulegung der Adresse. Unten ohne Plattenrand.

Frz. Massau.

382. Christus zwischen zwei anbetenden Engeln. „Ich bin das Brod des Lebens etc." A. Müller del. kl. fol.

Ant. Masson.

383. Em. Theod. de la Tour d'Auvergne. N. Mignard p. fol. R.-D. 14. Schöner erster Abdruck. Der Rand angesetzt.
384. Guill. de Brisacier. Idem p. fol. R.-D. 15. Schöner alter Abdruck. Ohne Plattenrand.
385. Cureau de la Chambre. P. Mignard p. fol. R.-D. 24. Trefflicher und seltener erster Abdruck vor den

Contretaillen auf der Wange. Bis zum Stich beschnitten.
386. Pierre Dupuis. X. Mignard p. fol. R.-D. 25. Trefflicher Abdruck.
387. Louis XIV. Büste nach links. 1679. C. le Brun p.
Oval gr. fol. R.-D. 44. Verschnitten und wegen Beschädigungen aufgezogen.
388. Charles Patin. kl. fol. R.-D. 60. Vorzüglicher Abdruck. Am Stich beschnitten.
389. Guill. Patin. 4. R.-D. 59. Alter Abdruck. Ohne Plattenrand und unten ein Rand angesetzt.
390. Henri, Vicomte de Turenne. Lebensgrosse Büste. gr. fol.
R.-D. 65. Schöner Abdruck. Selten. Wegen kleiner
Restauration in der Schriftbordüre aufgezogen.

Jean Matthieu.
391. Vue d'une Partie du Lac de Trasimène. C. Poussin p.
qu. fol. Schöner Abdruck. Ohne Plattenrand.

H. Merz.
392. Die ausziehenden Christen, einzeln abgedruckt aus dem
grossen Stiche: „die Zerstörung Jerusalems", nach W. v.
Kaulbach. fol. Schöner Abdruck.

Raph. Morghen.
393. Das Portrait des Meisters, nach eigener Zeichnung. 4.
Ohne Plattenrand.
394. Das heil. Abendmahl. L. da Vinci p. qu. roy. fol. Berühmtes Hauptblatt in trefflichem Abdruck vor
dem Komma. Ohne Plattenrand.
395. Die Verklärung Christi auf Tabor. Raphael p. roy.
fol. Die von R. Morghen allein gestochene Platte. Capitalblatt in schönem Abdruck. angeblich eines
der Subscriptionsexemplare. Mit wenig Rand, die
Schrift im beschnittenen Unterrand ausradirt und das
Blatt wegen nicht ganz verschwundener Stockflecken gewaschen.
396. Die Madonna del Sacco. A. del Sarto p. qu. roy. fol.
Schöner Abdruck, leider unten im Schriftrand mitten
durch den Namen des Stechers unter der Dedication abgeschnitten und ohne Plattenrand.
397. Mater divinae Gratiae. B. Garofalo p. 4. Guter Abdruck. Scharf beschnitten.
398. Die Madonna mit dem Stieglitz. Raphael p. fol. Schöner Abdruck. Ohne Plattenrand und gewaschen. Die

Schrift bis auf die erste Zeile „Mater pulcrae Dilectionis" ausgekratzt.

399. Die Madonna della Sedia. Idem p. fol. Vortrefflicher früher Abdruck mit der Adresse des X. Pagni. Nur mit 4 Linien Papierrand, unten ganz ohne Rand.

400. Die Ruhe auf der Flucht nach Egypten. N. Poussin p. gr. qu. fol. Andr. 154. Trefflicher Abdruck. Ohne Plattenrand.

401. Christus erscheint Magdalena als Gärtner. F. Baroccio p. gr. fol. Vorzüglicher Abdruck.

102. St. Johannes der Täufer in der Wüste. G. Reni p. gr. fol. Alter Abdruck., Mit wenig Rand.

403. Die Messe zu Bolsena, nach Raphael. Aus der Folge der Stanzen. qu. roy. fol. Alter Abdruck vor der Retouche. Mit wenig Papierrand und unten ein Rand angesetzt. In der Mitte des Stiches zwei kleine Beschädigungen ausgebessert.

104. Die Cardinaltugenden. Idem p. Aus derselben Folge. qu. roy. fol. Schöner alter Abdruck. Fast ohne Plattenrand.

105. 4 Bl. Die vier Facultäten. Idem p. fol. Alte, bis auf 1 Blatt, das weniger gut ist, vorzügliche Abdrücke mit dem ersten Druckort Rom, die Philosophie in sehr seltenem Abdruck vor aller Schrift. 2 Bl. mit wenig Rand.

106. Das Jagdfest der Diana D. Dominichino p. qu. roy. fol. Schöner Abdruck. Am Stich beschnitten und Ränder angesetzt. Auch der Schriftrand ist angesetzt.

407. Der Tanz der Jahreszeiten. N. Poussin p. gr. qu. fol. Alter Abdruck. Ohne Plattenrand.

408. Aurora, nach G. Reni's berühmtem Bild im Palast Rospigliosi. qu. roy. fol. Guter alter Abdruck. An der Platte beschnitten, an Luft und Wasser kleine, wenig sichtbare beriebene Stellen.

409. Die Fornarina. Raphael p. kl. fol. Trefflicher Abdruck. Ohne Plattenrand und unten bis in die unterste Schriftzeile beschnitten.

110. Raphael (richtiger B. Altoviti). Raphael p. kl. fol. Ebenfalls trefflicher Abdruck.

111. Joh. Volpato. A. Kauffmann p. 4. Vorzüglicher Abdruck.

112. L. Ariosto. P. Ermini del. fol. Schöner Abdruck.

413. Lor. de Medici. G. Vasari p. fol. Ganz vorzüglicher Abdruck.

414. Leon. da Vinci. Se ipse p. fol. Schöner Abdruck. Ohne Plattenrand.

Gugl. Morghen. ·

415. Herminia bei den Hirten, nach Tasso. F. Guercino p. gr. qu. fol. Schöner Abdruck. Ohne Plattenrand.

Const. Müller.

416. Maria mit dem Kind, in einer Landschaft schreitend. E. Deger p. kl. fol.
417. Clemens August Droste-Vischering, Erzbischof von Cöln. F. Ittenbach p. fol. Gewählter Abdruck, auf Chin. Papier.

Joh. Gotth. v. Müller.

418. Louis Galloche. L. Tocqué p. fol. Andr. 2.*) Receptionsblatt in schönem Druck.
419. Ant. Graff. Se ipse p. fol. A. 3. Vorzüglicher zweiter Abdruck vor der Schrift.
420. Luise Elisabeth Vigée le Brun. Se ipse p. fol. A. 5. Vorzügliches Blatt in schönem alten Druck.
421. Louis Leramberg. N. S. A. Belle p. fol. A. 6. Alter Abdruck.
422. Mos. Mendelssohn. J. C. Frisch p. kl. fol. A. 9.
423. A. G. Spangenberg. A. Graff p. kl. fol. A. 13.
424. Louis Seize. Ganze Figur im Krönungsornat. F. Duplessis p. roy. fol. A. 8. Ein Hauptblatt in schönem und frühem dritten Druck, nur mit Louis Seize und Müller's Namen. Ohne Plattenrand auf den Seiten und leicht stockfleckig.

Friedr. Müller.

425. Der Sündenfall. Raphael p. fol. A. 9. Alter vierter Abdruck mit der Adresse des Stechers.
426. Die Sixtinische Madonna. Idem p. roy. fol. A. 11. Berühmtes Hauptblatt in ganz vorzüglichem alten und frühen Subscriptionsabdruck von kaum übertreffbarer Schönheit. Der Plattenrand abgeschnitten, gewaschen weil eingerahmt gewesen. Mit Ausnahme von ein paar kleinen, wenig bemerkbaren Stockflecken und drei Wurmlöchern im Schriftrand gut gehalten.
427. Der Evangelist Johannes. D. Dominichino p. fol. A. 12. Schöner Abdruck dieses geschätzten Blattes mit

---

*) J. G. v. Müller und Fr. Müller. Von Dr. A. Andresen. Leipzig 1865.

der Jahreszahl 1808; aus des Stechers eigener Hand von Prof. Schall erworben und eines der drei Exemplare, die der Stecher sich selbst reservirt hatte. Mit wenig Rand, 4 Linien, und, wenn schon gewaschen, so doch von guter Erhaltung.

Rob. Nanteuil.

428. Mich. Amelot, Erzbischof von Tours. Lebensgrosses Brustbild. gr. fol. R.-D. 21. Vorzüglicher Abdruck. Ohne Plattenrand.

429. Pet. Bouchu, Abt. fol. R.-D. 47. Schöner erster Abdruck mit der Jahreszahl. Ebenso.

430. Jacq. Marquis de Castelnau. kl. fol. R.-D. 58. Schöner Abdruck. Aufgezogen.

431. Charles d'Ailly, Duc de Chaulnes. Lebensgrosse Büste. gr. fol. R.-D. 65. Vortrefflicher erster Abdruck mit nur einem Punkt nach der Jahreszahl. Ohne Plattenrand.

432. Christina, Königin von Schweden. S. Bourdon p. kl. fol. R.-D. 67. Beschnitten und aufgezogen.

433. Joh. Bapt. Colbert. Lebensgrosse Büste. gr. fol. R.-D. 76. Guter siebenter Abdruck nach der Jahreszahl. Aufgezogen.

434. Derselbe. Ph. de Champagne p. fol. R.-D. 72. Zweiter Abdruck vor der Wegnahme der Umschrift Scharf beschnitten und aufgezogen.

435. Nic. Fouquet. fol. R.-D. 98. Schöner Abdruck. Scharf beschnitten.

436. Mich. le Masle. fol. R.-D. 126. Trefflicher erster Abdruck mit 1658. Ohne Plattenrand.

437. Louis XIV. Lebensgrosse Büste. gr. fol. R.-D. 156. Schöner und sehr seltener erster Abdruck. Am Stich beschnitten und aufgezogen.

438. Mich. de Marolles. 8. R.-D. 171. Schöner zweiter Abdruck. Ebenso.

439. Jul. Mazarin. fol. R.-D. 177. Vorzüglicher Abdruck.

440. Eduard Molé. fol. R.-D. 193. Schoner Abdruck. Ohne Plattenrand.

441. Franc. Nesmond, Bischof. fol. R.-D. 202. Guter vierter Abdruck.

442. Pet. Payen-Deslandes. fol. R.-D. 210. Schoner Abdruck. Ohne Plattenrand.

443. Joh. Balth. van Steenberghen. Duchastel p. fol. R.-D. 226. Späterer oder vierter Abdruck.

444. Henri Vicomte de Turenne. Ph. de Champagne p. fol.
R.-D. 232. Trefflicher und seltener zweiter Abdruck mit dem einfachen Strich im Oberrand.

Mich. Natalis.

445. Die Verzückung des Apostels Paulus. N. Poussin p. fol.
Andr. 230. Alter Abdruck. Aufgezogen, der Schriftrand und am Stich abgeschnitten.

Pietro Parboni.

446. 2 Bl. Heroische Landschaften mit Staffage. Die Opferung Isaak's, und eine Heerde. C. Poussin p. gr. qu. fol.
Schöne Abdrücke. Mit wenig Rand.

Jam. Peake.

447. Die Landschaft mit Merkur und Battus. Claude Lorrain p. gr. qu. fol. Schöner Abdruck. Ohne Plattenrand.
448. Morning. Idem p. gr. qu. fol. Ebenfalls schöner Druck. Ebenso.

Ant. Perfetti.

449. Sibylla Samia. G. Reni p. fol. Vortrefflicher Abdruck.
450. La Bella di Tiziano. Tizian p. fol. Sehr schöner Abdruck.

Will. Pether.

451. Franc. du Quesnoy, Bildhauer. C. le Brun p. Schwarzkunst. gr. fol. Vorzüglicher Abdruck vor der Schrift, nur mit den Künstlernamen. Im Schriftrand ein kleiner Riss gut ausgebessert.
452. Ashton, als Knabe mit Hund in einer Landschaft. J. Wright p. Schwarzkunst. fol. Guter Abdruck. Aufgezogen, der Schriftrand und am Stich abgeschnitten.

Bern. Picart.

453. Phaethon bittet Zeus um die Leitung des Sonnenwagens. Plafond. E. le Sueur p. gr. qu. fol. Schöner und seltener erster Abdruck vor aller Schrift. Ohne Plattenrand und oben ein kleines Loch am Stichrand ausgebessert.
454. Herkules befreit Hesione. C. le Brun p. qu. fol. Ohne Plattenrand.
455. Le Gouvernement de la Reine Marie de Medicis. (Die Königin im Olymp.) P. P. Rubens p. gr. qu. fol. Ebenso und ein Riss unterlegt.

Joh. Pichler.

456. Die heil. Magdalena in der Einöde. P. Battoni p. Schwarzkunst. qu. roy. fol. Ganz vorzüglicher Abdruck.

Bened. Piringer.

457. Le Clair de Lune. M. v. Molitor del. Aquatinta, wie
die Folgenden. gr. qu. fol. Schöner Abdruck, wie
die Folgenden.
458. 2 Bl. Die ruhige See, und der Schiffbruch. Gegenstücke.
J. A. Noel p. qu. roy. fol. Vor aller Schrift. Mit
wenig Rand.
459. 2 Bl. Abendlandschaft, und Mondnacht. M. v. Molitor
und Veith del. Schöne Blätter. gr. qu. fol.
460. Letzteres Blatt (die Mondnacht) nochmals, im ersten
Druck vor aller Schrift, jedoch an der Platte bis
nahe zum Stich abgeschnitten.
461. L'Aube du Jour. M. v. Molitor del. gr. qu. fol.
462. Die heroische Landschaft zur Erinnerung an Herder. Ja-
nus Genelli del. qu. roy. fol. Mit Nadelschrift. Selten.
463. 2 Bl. Le Matin, et le Soir, nach eigener Zeichnung. gr.
qu. fol. Abdrücke in Schwarz.
464. 4 Bl. Ansichten aus Unterösterreich, Compiègne, bei Neapel, und bei Lyon. Eine Folge, nach Watelet, J. J. de
Boissieu, J. van der Burgh und eigener Zeichnung.
qu. fol. Ebenso.

Frz. de Poilly sen.

465. Die Anbetung der Hirten. G. Reni p. fol. Schöner
alter Abdruck vor der Ausschleifung des Wappens.
466. Die Anbetung der Hirten. P. Mignard p. gr. qu. fol.
Vorzüglicher Abdruck. An der Platte beschnitten und
aufgezogen.
467. St. Johannes auf Patmos. C. le Brun p. fol. Schöner Abdruck. Im Schriftrand abgeschnitten.
468. St. Carl Borromäus reicht den Pestkranken das Abendmahl. Idem p. roy. fol. Ringsum abgeschnitten und
wegen Restaurationen aufgezogen.

Frz. de Poilly jun.

469. Das Wunder mit den Schlangen vor Pharao. N. Poussin p. gr. qu. fol. Andr. 47. Alter Abdruck. Mit
wenig Rand und ein Riss ausgebessert.

Jean Bapt. de Poilly.

470. 3 Bl. Der Olymp, Plafond zu St. Cloud, nebst den beiden

Seitenbildern die Schmiede der Cyklopen, und Mars und
Venus. P. Mignard p. qu. roy. fol. In der Mitte ge-
brochen.

Paul Pontius.

471. Der Kindermord zu Bethlehem. P. P. Rubens p. qu.
roy. fol. auf 2 hier zusammengefügten Blättern. Bas. 32.
Hauptblatt in gutem dritten Abdruck nach der
Adresse des Huberti, welche Abdrücke retouchirt sind.
Aufgezogen, der Unterrand und bis zum Stich abgeschnitten.
472. Die Ausgiessung des heil. Geistes. Idem p. gr. fol. Bas.
119. Schöner alter Abdruck. Ebenso.
473. Die Himmelfahrt Mariä. Idem p. gr. fol. Bas. 9. Vorzüglicher Abdruck. Ohne Plattenrand.
474. St. Rochus. Idem p. gr. fol. Bas. 44. Sehr schöner
Abdruck. An den Seiten und unten ohne Plattenrand,
sowie einige kleine dünne Stellen gut restaurirt.
475. Die Madonna mit mehreren Heiligen. Rubens' Epitaph.
Idem p. gr. fol. Späterer Abdruck und etwas eingetuscht.
476. Tomyris lässt das Haupt des Cyrus in Blut tauchen. Idem p.
gr. qu. fol. Bas. 22. Erster Abdruck vor der Adresse.
Bis zum Stich beschnitten und aufgezogen.
477. Casp. Gusman, Herzog von Olivarez. D. Velasquez und
P. P. Rubens p. roy. fol. Schönes Blatt in trefflichem ersten Abdruck. Ebenso.
478. Friedrich Heinrich, Fürst von Nassau. Halbfigur in Rüstung. A. van Dyck p. gr. fol. Ohne Plattenrand.
479. Heinrich, Graf van den Berghe. Kniestück in Rüstung.
Idem p. fol. Schöner Abdruck. Ebenso und im Schriftrand ein kleines Loch ausgebessert.
480. Otto Vaenius. Gertrude Vaenius p. fol. Aus dem Buch.
481. Franz Thomas, Fürst von Savoyen. A. van Dyck p. 4.
Weber 48. Prachtvoller zweiter Abdruck mit G. II.,
auf Schellenkappe.
482. Corn. van der Geest. Idem p. 4. W. 33. Schöner
dritter Abdruck mit G. II.
483. Der Meister selbst. Idem p. 4. W. 43. Nach G. H.
Beschnitten.
484. Nic. Rockox. Idem p. 4. Vor der Adresse G. H. in
einem Mittelzustand, den Weber nicht aufführt.
Ein kaum merklicher Riss unterlegt.

Carl Ant. Porporati.

485. Hagar renvoyé par Abraham. A. van der Werff p.
gr. fol. Ohne Plattenrand.

486. Susanna im Bade. Santerre p. gr. fol. Aufgezogen und am Bild verschnitten, auch die Schrift abgeschnitten.

Jean Bapt. le Prince.

487. 2 Bl. Die ruhende Schafheerde. Vue des Environs de Nerva. Aquatinta. 4. qu. fol.

John Pye.

488. The Waders. Landschaft mit einer Heerde im Fluss. Claude Lorrain p. gr. qu. fol. Schöner Abdruck.

Carl Heinr. Rahl.

489. Die Darstellung im Tempel. Fra Bartolomeo p. roy. fol. Der Platteneindruck im Rand oben und unten unterlegt.

490. St. Margaretha. Raphael p. fol. Schöner Abdruck.

491. Die Landschaft mit der Sphinx. C. Poussin p. gr. fol. Schöner Abdruck mit der Adresse des ersten Druckers Herzog. Unten ohne Plattenrand.

492. Die Landschaft mit den Fischern. F. Milet p. gr. qu. fol. Schöner und alter zweiter Abdruck mit der Adresse von Frauenholz. Ebenso.

Marc. Ant. Raimondi.

493. Die Madonna auf den Stufen. Raphael inv. qu. fol. B. 45. Copie II. Beschädigt und beschnitten.

494. Das Urtheil des Paris. Idem inv. qu. fol. B. 245. Schöner Abdruck der täuschenden Copie von Marco Dente da Ravenna. Wegen mehrfacher Beschädigung aufgezogen.

495. Der Raub der Helena. Idem inv. qu. fol. B. 209. Späterer Abdruck mit der Adresse des A. Salamanca. Aufgezogen.

Alb. Ch. Reindel.

196. Kaiser Carl der Grosse. A. Dürer p. fol. Andr. 1.*) Trefflicher Abdruck. Mit nicht viel Papierrand.

197. 2 Bl. Die vier Apostel, oder die sogenannten Temperamente. Idem p. gr. fol. A. 25. 26. Schöne Abdrücke mit dem fehlerhaften Cap. XII. Auf einem Bogen. Unbedeutend stockfleckig.

198. Les Bergers d'Arcadie. N. Poussin p. qu. fol. Von J. Mathieu gestochen und von Reindel nur beendet. Zweiter Abdruck mit Nadelschrift. An der Platte beschnitten.

---

*) Alb. Christ. Reindel. Von Dr. A. Andresen. Leipzig 1866.

Franc. Rainaldi.

499. Die Entführung der Europa. Paul Veronese p. qu. fol. Vorzüglicher Abdruck. Mit wenig Plattenrand.

Joh. Chr. Reinhart.

500. Die Mühle bei den grossen Eichen. Radirt, wie die Folgenden. gr. qu. fol. Andr. 20. Hauptblatt in vortrefflichem Abdruck vor der Adresse.

501. 6 Bl. aus der Folge der malerischen Prospecte aus Italien. fol. qu. fol. Andr. 52—75. 2 Blatt in ersten Abdrücken mit Nadelschrift.

502. 6 Bl. Die Folge der Landschaften in heroischem Styl. qu. fol. Andr. 76—81. Schöne Abdrücke.

503. 6 Bl. Die Folge der Jos. Abel dedicirten Landschaften. qu. 4. Andr. 109—114. Das Titelblatt im Schriftrand verschnitten.

504. Die Felslandschaft mit dem zur Linken schreitenden Hirten. kl. qu. fol. Andr. 124.

Rob. Reyher.

505. Raphael. Brustbild nach dem eigenen Bild in Florenz. fol. Schöner Abdruck vor der Schrift, auf Chines. Papier. Ohne Plattenrand.

Jos. Theod. Richomme.

506. Adam et Ève. Der Sündenfall. Raphael p. gr. fol. Ganz vorzüglicher Abdruck.

507. Triomphe de Galathée. Idem p. gr. fol. Vorzüglicher Abdruck mit dem Stempel des Meisters. Ohne Plattenrand und an der Luft leicht stockfleckig.

Wilh. J. Roden.

508. Pet. Paul Rubens. Se ipse p. fol. Sehr schöner Abdruck.

Jean Louis Roullet.

509. Die Klage der Frauen um den Leichnam Christi. Il. Carracci p. gr. qu. fol. Schöner alter Abdruck. Fast ohne Plattenrand.

510. Die drei Marien am Grabe Christi. Idem p. qu. fol. Schöner alter Abdruck.

Will. Wynne Ryland.

511. 2 Bl. Telemach zu Sparta. Juno fordert von Venus den Gürtel. Ang. Kauffmann p. Punktirt. fol. qu. fol. Roth gedruckt. Ersteres im Schriftrand abgeschnitten.

38

512. The ratifying Magna Charta by King John. J. Mortimer p. Punktirt. gr. qu. fol. Mit Nadelschrift. Ohne Plattenrand.
513. Interview between Edgar and Elfrida after her Mariage with Athelwold. Ang. Kauffmann p. gr. qu. fol. Guter Abdruck in bräunlichem Ton. Fast ohne Plattenrand.

Nic. Schenker.

514. La Vierge au Donataire dite la Madonne de Foligno. Raphael p. roy. fol. Schöner Abdruck. Ohne Plattenrand.

Nat. Schiavoni.

515. Die Himmelfahrt der Maria, nach Tizian's berühmtem Bild in Venedig. roy. fol. Ein Hauptblatt in altem Druck, angeblich Subscriptionsdruck, mit Ad.Bozza imprese rechts unten.

Christ. Jac. Schlotterbeck.

516. 2 Bl. Der Abend, und der Morgen, nach den schönen Bildern des Claude Lorrain. Aquatinta. gr. qu. fol. Schöne Abdrücke vor der Schrift, nur mit den Künstlernamen in Nadelschrift. Mit wenig Papierrand.
517. Grosse Landschaft mit Ruine und Reisenden. J. Both p. Aquatinta. gr. qu. fol. Vorzüglicher Abdruck vor der Schrift. An der Platte beschnitten.

Gg. Friedr. Schmidt.

518. Const. Scarlati, Fürst der Moldau. Liotard p. fol. Jacoby 39. Sehr schön und selten.
519. Ch. Gabr. de Tubières de Caylus, Bischof. Fontaine p. fol. J. 40. Guter alter Abdruck.
520. Lonis de la Tour d'Auvergne, Comte d'Evreux. H. Rigaud p. fol. J. 42. Schöner Abdruck. Ein Rand angesetzt.
521. Carl, Erzbischof von Cambrai. Idem p. fol. J. 47. Guter alter Abdruck. Ohne Plattenrand.
522. P. Mignard. Idem p. fol. J. 59. Vorzüglicher Abdruck, leider der Unterrand mit den Künstlernamen abgeschnitten und ringsum ein Rand angesetzt.
523. Christ. August, Fürst von Anhalt. A. Pesne p. fol. J. 66. Trefflicher Abdruck. Ohne Plattenrand.
524. Baron Cocceji. Idem p. fol. J. 67. Sehr schöner und sehr seltener erster Abdruck vor der Inschrift auf dem Buch. Ebenso.
525. F. Ben. Oertel. fol. J. 68. Schöner Abdruck, jedoch durch Waschen etwas stumpf geworden. Ohne Plattenrand.

526. Ant. Pesne. Se ipse p. fol. J. 69. Schöner Abdruck. Am Stich beschnitten und Rand angesetzt.
527. Cyrillus Graf Rasumowsky. L. Tocqué p. fol. J. 83. Ganz vorzüglicher erster Abdruck vor Veränderung der Unterschrift. Selten. Ohne Plattenrand an den Seiten.
528. Der Minister von Bork. A. Pesne p. fol. J. 86. Schöner Abdruck, aber am Stich und der Schriftrand abgeschnitten und ein Rand neu angesetzt.
529. Der grosse De la Tour. Se ipse p. fol. J. 50. Schöner Abdruck. Ohne Plattenrand.
530. Der junge Mann, nach G. Flinck. Radirt. Oval 4. J. 125. Seltener Abdruck auf grauem Papier.
531. Die Judenbraut. Rembrandt p. Radirt. 4. J. 128. Schöner Abdruck, jedoch am Stich und die Unterschrift abgeschnitten.
532. Juwelier Dinglinger. A. Pesne p. Radirt. Oval 8. J. 148. Ganz vorzüglicher Abdruck mit Plattenschmutz.
533. Die Darstellung der Maria im Tempel. P. Testa p. gr. fol. J. 172. Vorzüglicher und seltener erster Abdruck vor der Unterschrift. Unten ohne Plattenrannd.
534. Die Darstellung des Jesuskindes im Tempel. C. W. E. Dietrich p. Radirt. qu. fol. J. 167. Schöner Abdruck.

Jac. Schmuzer.

535. Le Gouté flamand. Holländische Trinkstube. G. Tilborgh p. fol. Schöner Abdruck.
536. 2 Bl. Kaiser Franz I., und Maria Theresia. Liotard und Du Creux p. fol. Alte Abdrücke.

Pet. van Schuppen.

537. Max Heinrich, Erzbischof von Cöln. Brustbild. fol. Schöner Abdruck.
538. Eust. le Sueur. Se ipse p. 4.

Gg. Scorodomoff.

539. Diana und Actäon. C. Maratti p. Punktirt. gr. fol. Bis nahe zur Bordüre beschnitten.

Will. Sharp.

540. The Doctors of the Church. G. Reni p. gr. fol. Ein Hauptblatt des Meisters in schönem alten Abdruck vor der Retouche. Mit wenig Plattenrand.

Laz. Sichling.

541. F. G. Klopstock. J. Juel p. 4.

542. G. F. Händel. Th. Hudson p. 4. Vorzüglicher Abdruck.

Ch. Simonneau.

543. Christus und die Samariterin am Brunnen. H. Carracci p. qu. roy. fol. Schöner alter Abdruck ohne Unterschrift. Unten ohne Plattenrand.

Louis Simonneau.

544. Die Himmelfahrt der Maria. C. le Brun p. Plafond in der Kirche St. Sulpice zu Paris. roy. fol. auf 2 nicht zusammengefügten Blättern. Vortrefflicher und seltener erster Abdruck vor der Schrift, nur mit den Künstlernamen.
545. Aurora und die Tageszeiten. Idem p. Plafond im Schloss zu Seaux. Grosses Oval, roy. fol. In der Mitte noch nicht zusammengefügt. Aufgezogen.

Sam. Smith.

546. The Finding of Mosis. Reiche Landschaft mit weiter Ferne. F. Zuccarelli p. qu. roy. fol. Trefflicher und seltener erster Abdruck vor der Schrift, nur mit den Künstlernamen. Ohne Plattenrand.

Hendr. Snyers.

547. Die thronende Madonna mit Heiligen. P. P. Rubens p. roy. fol. Erster Abdruck vor der Retouche. Bis nahe zum Stich beschnitten. Oben am Pfeiler eine kleine Restauration.

Rud. Stang.

548. Die Verkündigung Mariä. Ave Maria Gratia plena. E. Deger p. gr. fol. Vortrefflicher Abdruck dieses anmuthigen Blattes.
549. Die Himmelskönigin, in halber Figur. Idem p. fol. Schöner Abdruck.

Xav. Steifensand.

550. Die Himmelskönigin auf der Mondkugel. C. Müller p. gr. fol. Schöner gewählter Abdruck.
551. Melch. v. Diepenbroeck, Erzbischof von Breslau. Kniestück. R. Schall del. kl. fol. Vor der Schrift. Fast ohne Plattenrand.

Jos. Steinmüller.

552. Maria mit dem Kinde, den Heiligen Katharina und Barbara. L. da Vinci p. gr. fol. Schoner Abdruck.

Claudia Stella.

553. Die Aussetzung Mosis. N. Poussin p. qu. roy. fol. auf 2 hier zusammengefügten Blättern. Andr. 22. Erster Abdruck mit der Adresse der Künstlerin.
554. Moses berührt mit seinem Stab den Fels. Idem p. qu. roy. fol. A. 57. Schöner alter Abdruck.
555. 2 Bl. Christus am Kreuz. Die Heilung des Lahmen durch Petrus und Johannes. Aus der Folge der Passion nach N. Poussin. qu. roy. fol. A. 200. 213. Erste Abdrücke mit der Adresse der Künstlerin. Am Stich beschnitten und aufgezogen.

Chr. Ernst Stölzel.

556. Die Krönung der heil. Jungfrau. Raphael p. gr. fol. Mit der Adresse des ersten Druckers. Holzschnitt.

Rob. Strange.

557. Abraham giving up the hand maid Hagar. F. Guercino p. qu. fol. Le Bl. 1.*) Schöner Abdruck. Flecke ausgewaschen und fast ohne Plattenrand.
558. Die Verkündigung Mariä. G. Reni p. gr. fol. Le Bl. 6. Ebenfalls schöner Druck. Ohne Plattenrand.
559. Die heil. Familie. A. Correggio p. fol. Le Bl. 7. Trefflicher Abdruck, aber in der Bordüre und die Schrift abgeschnitten.
560. Amoris Primitiae. Maria das schlafende Kind verehrend. G. Reni p. qu. fol. Le Bl. 8.
561. St. Agnes. D. Dominichino p. fol. Le Bl. 13. Trefflicher Abdruck. Ohne Plattenrand.
562. Belisar. Salv. Rosa p. fol. Le Bl. 25. Schöner Abdruck. Fast ohne Plattenrand.
563. Venus durch die Grazien geschmückt. G. Reni p. Le Bl. 30. Schöner Abdruck.
564. Cupido schlafend. Idem p. qu. fol. Le Bl. 31. Vortrefflicher Abdruck. An der Platte beschnitten und ein Theil der Unterschrift abgeschnitten.
565. Le Retour du Marché. Ph. Wouwerman p. fol. Le Bl. 43. Schöner Abdruck. Ohne Plattenrand.
566. Karl I. in Begleitung des Herzogs von Hamilton. A. van Dyck p. roy. fol. Le Bl. 45. Hauptblatt in vorzüglichem Abdruck.

*) Catalogue de l'Oeuvre de Rob. Strange. Par Ch. Le Blanc. Leipzig 1848.

3*

567. Karl I. im Krönungsmantel. Idem p. fol. Le Bl. 46.
Trefflicher Abdruck. Ohne Plattenrand.

Jon. Suyderhoef.

568. Die Löwenjagd. P. P. Rubens p. gr. qu. fol. Wussin
129.*) Schöner Abdruck, aber bis zum Stich beschnitten und die Unterschrift abgeschnitten.

Herm. van Swanefelt.

569. Die Landschaft mit der Flucht nach Egypten. Radirt. qu.
fol. B. 100. Erster Abdruck. Beschnitten.

Jul. Caes. Thäter.

570. Die Mailänder bezwungen durch Friedrich Barbarossa,
nach H. Mücke. qu. fol.

H. Sim. Thomassin.

571. Das Magnificat (Besuch der Maria bei Elisabeth). J. Jouvenet p. gr. fol. Schöner alter Abdruck. Ohne Plattenrand.

P. Toschi.

572. Lo Spasimo di Sicilia. Raphael p. roy. fol. Hauptblatt in vorzüglichem Abdruck mit angelegter
Schrift und dem Namen des ersten Druckers
Bardi. Ohne Plattenrand und gewaschen.

C. Vermeulen.

573. Nic. van der Borcht. Ganze Figur. A. van Dyck p.
gr. fol.

Corn. Visscher.

574. Gellius de Bouma. fol. Wussin 8. Dritter Abdruck
vor der Adresse des Covens und Mortier. Scharf
beschnitten.
575. Peter Schrijver. P. Soutman p. fol. W. 42. Schöner dritter Abdruck vor der Schramme. Ebenso.

Pietro Vitali.

576. Antikes Wandgemälde aus den Ruinen des Palastes des
Antoninus Pius in Rom, aus einer Folge. gr. fol.

Franc. Vivares.

577. Die Landschaft mit dem Tempel des Apollo auf Delos.
Claude Lorrain p. gr. qu. fol. Schöner Abdruck.
Ohne Plattenrand.

---

*) Jonas Suyderhoef. Von J. Wussin. Leipzig 1861.

578. Die Mühle, aus dem Palast Pamphili. Idem p. qu. fol.
Ebenso. Ohne Plattenrand.
579. Die Landschaft mit der Flucht nach Egypten. Idem p.
qu. fol. Ebenso.
580. Die Heerde bei der Tempelruine. Abend. Idem p. qu.
fol. Ebenso.
581. 4 Bl. Folge von Landschaften mit Staffage, nach Claude
Lorrain und C. Poussin. kl. qu. fol. Schöne Abdrücke. Ohne Plattenrand. 1 Bl. aufgezogen.
582. Die Landschaft mit dem Hirten, der die Füsse badet. G.
Lambert p. qu. fol. Schöner Abdruck. Fast ohne
Plattenrand und in der Mitte fast unmerklich ein Bruch
unterlegt.
583. Die Landschaft mit dem Hauptmann von Capernaum. F.
Milet p. qu. fol. Ebenso. Mit wenig Plattenrand.
584. 2 Bl. Reiche Landschaften mit Tempelruinen. P. Patel p.
qu. fol. Treffliche Abdrücke. Mit nicht viel Rand,
wie die Folgenden.
585. 2 Bl. Seehäfen mit Staffage auf dem Ufer. J. Vernet p.
qu. fol. Schöne und seltene erste Abdrücke vor
der Schrift, nur mit den Künstlernamen. Mit hand-
schriftlicher Dedication des Stechers an Ch. von Mechel.
586. Landschaft mit Monument bei antiken Ruinen. P. Patel p.
qu. fol.
587. Landschaft mit Tempelruine und Hirten am Fluss. Idem p.
qu. fol. Vorzüglicher Abdruck. Ohne Plattenrand.
588. Landschaft mit dem Thal des Anio bei Tivoli. C. Poussin p. qu. fol. Schöner Abdruck. Ebenso.
589. Der Angelfischer auf dem felsigen Flussufer. C. Marto-
relli p. qu. fol. Vortrefflicher Abdruck. Auf den
Seiten und oben ohne Plattenrand.
590. 2 Bl. The Evening. The Morning. Flusslandschaften
mit Heerden. A. Cuyp p. kl. qu. fol. Schöne Abdrücke. 1 Bl. ohne Plattenrand, auf dem andern ein
Rand angesetzt.
591. The happy Peasant. N. Berghem p. kl. qu. fol. Ohne
Plattenrand.

Giov. Volpato.

592. 7 Bl. Die Stanzen des Raphael im Vatican: 1) die Schule
von Athen, 2) die Disputa, 3) Heliodor, 4) der Burgbrand,
5) der Parnass, 6) Petri Befreiung, 7) Attila. (Die beiden fehlenden Blätter suche unter Fabri und R. Morghen.)
Capitalfolge in alten schönen Abdrücken vor der
Retouche und vor der Adresse der Chalcographie;

nur 1 Blatt (der Parnass) in weniger gutem Abdruck. Mit
wenig Papierrand, bei 2 Bl. unten ein solcher angesetzt.

593. Die Grablegung Christi. Raphael p. gr. fol. Guter
Abdruck.

594. Die vier Sibyllen in der Kirche St. Maria della Pace, Ka-
pelle Chigi. Idem p. qu. fol. Vortrefflicher Abdruck. Zwei Risse unterlegt.

595. Der Prophet Joel, nach Michel Angelo's Fresko in der
Sixtina. gr. fol. Ebenso.

596. Sibylla Delphica, nach dem Fresko desselben in der
Sixtina. gr. fol. Schöner und seltener zweiter Abdruck vor Ausfüllung der Schrift.

597. Die christlichen Helden. P. Perugino p. gr. qu. fol.
Schöner und sehr seltener erster Abdruck vor
aller Schrift. Unten ohne Plattenrand.

598. Die Aurora im Palast Ludovisi zu Rom. F. Guercino p.
qu. roy. fol. Hauptblatt in vortrefflichem Abdruck.

Luc. Vorsterman sen.

599. Lot durch den Engel aus Sodom geführt. P. P. Rubens p.
qu. fol. Bas. 3. Schöner erster Abdruck mit der
Jahreszahl 1620 statt 1647.

600. Die Anbetung der Hirten, mit dem Schatten. Idem p.
qu. fol. Bas. 6. Schöner alter Abdruck.

601. Die Anbetung der Hirten, mit dem Spinnennetz. Idem p.
gr. fol. Bas. 5. Alter Abdruck. Aufgezogen, am Stich
und der Schriftrand abgeschnitten.

602. Die Anbetung der Weisen, mit den Fackeln. Idem p.
gr. fol. Bas. 23. Ebenso.

603. Die grosse Anbetung der Weisen. Idem p. qu. roy. fol.
auf 2 hier zusammengefügten Blättern. Bas. 22. Ganz
vorzüglicher Abdruck, aber aufgezogen, bis zum Stich
beschnitten und ohne Schriftrand.

604. Der Zinsgroschen. Idem p. qu. fol. Bas. 43. Schöner Abdruck.

605. Die Abnehmung Christi vom Kreuz. Idem p. gr. fol.
Bas. 99. Schöner alter Abdruck, aber bis zum Stich
beschnitten, ohne Schriftrand und wegen restaurirter Beschädigungen aufgezogen.

606. Der Engelsturz. Idem p. gr. fol. Bas. 1. Schöner
und alter erster Abdruck vor Huberti's Adresse.
Ein Riss ausgebessert und ohne Plattenrand.

607. St. Georg. Raphael inv. fol. Schöner Abdruck. Ohne
Plattenrand.

608. Carl de Longueval, Graf Bucquoy. Halbfigur in reicher allegorischer Einfassung. P. P. Rubens inv. gr. fol. Erster Abdruck vor dem Auge Gottes oben. Bis zum Stich beschnitten und aufgezogen.

609. Kaiser Carl V. im Harnisch. Tizian p. gr. fol. Vortrefflicher Abdruck. Am Stich beschnitten und ein Rand angesetzt.

610. Carl, Herzog von Bourbon. Idem p. kl. fol. Trefflicher Abdruck.

611. Carl de Mallery. A. van Dyck p. 4. Vorzüglicher Abdruck mit der Adresse G. H. auf Schellenkappe.

612. Wolfg. Wilhelm, Pfalzgraf zu Rhein. Idem p. 4. Schöner Abdruck. Scharf beschnitten.

Luc. Vorsterman jun.

613. Portrait des ältern L. Vorsterman. A. van Dyck p. 4. Schöner alter Abdruck.

Friedr. Wagner.

614. Das heil. Abendmahl. L. da Vinci p. qu. roy. fol. Hauptblatt in vorzüglichem zweiten Abdruck mit angelegter oder offener Schrift und der Bezeichnung Sesta Prova. Ohne Plattenrand.

615. Die Abnehmung Christi vom Kreuz. P. P. Rubens p. roy. fol. Zweites Hauptblatt des Meisters in kostbarem und ganz vorzüglichem ersten Abdruck vor der Schrift, nur mit den Künstlernamen, auf Chin. Papier. Es wurden nur wenig solcher Abzüge gemacht.

616. Ecce Homo! Sehet, welch ein Mensch! H. Memling p. fol. Vorzüglicher Abdruck aus den ersten zwölf Abzügen der Platte und auf Chines. Papier.

617. St. Sebastian. C. Dolce p. fol. Sehr schöner erster Abdruck vor aller Schrift, nur mit dem Zeichen des Stechers, auf Chines. Papier.

618. Die heil. vier Gekrönten der heil. Euludas. Breslauer Kunstvereinsblatt. R. Schall und A. Langer del. kl. fol. Chines. Papier.

619. Columbus im Kerker. G. Wappers p. Mezzotinto. fol. Vorzüglicher erster Abdruck vor aller Schrift.

620. Sakontala. A. Riedel p. fol. Vorzüglicher Abdruck mit der Dedication in Nadelschrift, deren nicht viel gemacht wurden, und auf Chines. Papier.

621. Die Albanerin. N. de Keyser p. fol. Vorzüglicher Abdruck auf Chines. Papier.

622. Albr. Dürer. Se ipse p. fol. Schöner Abdruck, nur mit dem Namen des Künstlers in Nadelschrift und auf Chines. Papier. Mit 10 Linien Papierrand.

623. Hier. Holzschuher. A. Dürer p. fol. Vorzüglicher Abdruck vor aller Schrift im Unterrand. Mit 8 Linien Papierrand. Der Platteneindruck am Rand unterlegt.

Ant. Waterloo.

624. 3 Bl. aus der Folge der Landschaften. B. 113. 114. 117. qu. fol. Alte Abdrücke, aber gewaschen. Auf 1 Blatt die Nummer ausgekratzt.

625. 3 Bl. aus der Folge der Landschaften. B. 109. 111. 112. qu. fol. Ebenso.

626. 2 Bl. aus der Folge der mythologischen Landschaften. fol. B. 129. 130. Alte Abdrücke, aber gewaschen.

Friedr. Weber.

627. Hans Holbein d. J. Se ipse p. fol. Schöner Abdruck.

Joh. Gg. Wille.

628. Agar présentée à Abraham par Sara. C. W. E. Dietrich p. gr. qu. fol. Le Bl. 1.*) Schöner Abdruck. Ein bis zur Mitte des Bildes laufender Riss unterlegt.

629. Bons Amis. A. van Ostade p. kl. fol. Le Bl. 56. Schöner Abdruck. Fast ohne Plattenrand.

630. Jeune Joueur d'Instrument. G. Schalken p. kl. fol. Le Bl. 57. Schöner Abdruck. Ebenso.

631. Tricoteuse hollandaise. F. Mieris p. fol. Le Bl. 64. Schöner Abdruck, aber die Unterschrift abgeschnitten und bis nahe zum Stich beschnitten.

632. L'Observateur distrait. Idem p. kl. fol. Le Bl. 65. Schöner Abdruck. Ohne Plattenrand.

633. Maurice de Saxe. Marschall von Frankreich. H. Rigaud p. fol. Alter Abdruck. Ohne Plattenrand.

634. Louis Phelypeaux, Comte de St. Florentin. L. Tocqué p. fol. Le Bl. 124. Schöner Abdruck. Ebenso.

635. Abel Franç. Poisson de Vandières. Idem p. fol. Le Bl. 125. Vor der Receptionsschrift. Ohne Plattenrand.

636. J. B. Massé. Idem p. fol. Le Bl. 130. Ohne Plattenrand und mit einem durch das Waschen nicht ganz verschwundenen Fleck.

637. Friedrich der Grosse. A. Pesne p. fol. Le Bl. 151.

*) Catalogue de l'Oeuvre de J. G. Wille. Par Ch. Le Blanc Leipzig 1847.

Schöner Abdruck. Ohne Plattenrand. Im Rahmen drei
Druckfalten mit Bleistift zugedeckt.

Will. Woollett.

638. Jacob und Laban. Reiche Landschaft, auch die grosse
steinerne Brücke genannt. Claude Lorrain p. qu. roy.
fol. Ein Hauptblatt in schönem Abdruck. Ohne
Plattenrand.
639. Niobe. R. Wilson p. gr. qu. fol. Vorzüglicher Abdruck. Der Papierrand am Plattenrand leicht unterlegt.
640. Phaeton. Idem p. gr. qu. fol. Verschnitten, ohne Schriftrand und wegen Risse aufgezogen.
641. Macbeth. F. Zuccarelli p. gr. qu. fol. Schöner
Abdruck. Ohne Plattenrand und die Adresse abgeschnitten.
642. The Fishery. R. Wright p. qu. fol. Vortrefflicher
Abdruck mit erster Adresse Green-Street. Ohne
Plattenrand und aufgezogen.
643. Die erste Preislandschaft, mit der Hirtenfamilie am Feuer.
G. Smith of Chichester p. gr. qu. fol. Schöner Abdruck vor der Retouche.
644. Die zweite Preislandschaft, mit der Heerde am Wasser.
J. Smith of Chichester p. gr. qu. fol. Guter Abdruck, in der Ferne jedoch weniger kräftig als das
vorige Blatt. An der Luft einige ganz kleine beriebene
Stellen.
645. Roman Edifices in Ruins. Claude Lorrain p. gr. qu.
fol. Schöner Abdruck. Ohne Plattenrand und eines
Risses im Unterrand wegen aufgezogen.
646. Dido und Aeneas. T. Jones und J. Mortimer p. gr.
qu. fol. Sehr schöner Abdruck. Fast ohne Plattenrand.
647. Solitude. R. Wilson p. gr. qu. fol. Prächtiger Abdruck mit Green-Street. Am Stich beschnitten und
aufgezogen.
648. Tobias and the Angel. J. Glauber und G. Lairesse p.
qu. fol. Schöner Abdruck. Ohne Plattenrand.
649. Cicero at his Villa. R. Wilson p. gr. qu. fol. Vorzüglicher Abdruck mit erster Adresse Green-
Street. Ohne Plattenrand.
650. Ceyx and Alcyone. Idem p. gr. qu. fol. Vortrefflicher Abdruck mit erster Adresse.
651. Celadon and Amelia. Idem p. gr. qu. fol. Ebenfalls
in trefflichem Abdruck mit erster Adresse. Ohne
Plattenrand.

652. Meleager und Atalanta. R. Wilson und J. Mortimer p.
gr. qu. fol. Schöner Abdruck mit erster Adresse.
653. 2 Bl. Morning. Evening. H. van Swanefelt p. qu. fol.
Gute Abdrücke. Ohne Plattenrand.
654. Die Waldlandschaft mit der Hirtin vor dem Wasserfall.
C. Poussin p. qu. fol. Schöner Abdruck, wenn schon
mit der letzten Adresse Charlotte Street. Ohne Plattenrand.

Adr. Zingg.

655. Les Bergères. C. W. E. Dietrich p. gr. fol. Schöner
alter Abdruck. Bis nahe zum Stich beschnitten.
656. Titelblatt zur italienischen Landschaftsfolge. Idem del. qu. 4.

Felice Zuliani.

657. S. Pietro Martire. Tizian p. roy. fol. Schöner Abdruck. Ohne Plattenrand.

Fr. Hanfstängl.

658. Columbus. Ch. Ruben p. Münchener Kunstvereinsblatt.
Galvanographie. gr. qu. fol. Mit wenig Rand und unten
ganz ohne Plattenrand, sowie unter der Schrift eine beriebene Stelle.

P. P. A. Robert.

659. Jésus Christ donnant les Clefs à St. Pierre. Raphael
del. Radirt und Tondruck von einer Holzplatte. kl. qu.
fol. Ohne Plattenrand.

Holzschnitte.

A. Andreani.

660. Christus vor Pilatus, nach J. de Boulogne. Clairobscur.
gr. qu. fol. von 2 Stöcken. B. 19. Erster Abdruck.
Wegen Risse aufgezogen.
661. Christus bei Simon zu Gast. Raphael inv. Clairobscur.
qu. fol. B. 17. Matter Druck und aufgezogen.

Lithographien.

Fast sämmtlich gewählte Abdrücke und gut erhalten.

Aubry-Lecomte.

662. Die Mona Lisa. L. da Vinci p. fol.

A. Borum.

663. Trarbach mit der Ruine Gräfenburg an der Mosel. D.
Quaglio p. gr. qu. fol. Tondruck.

A. Dircks.

664. Alb. Thorwaldsen. Kopf. H. Mücke p. fol. Chines. Papier.

C. Hahn.

665. Die nächtliche Hora. M. Hauschild p. Sächsisches Kunstvereinsblatt. gr. fol. Tondruck auf Chines. Papier.

Fr. Hanfstängl.

666. Bildniss eines Unbekannten. A. van Dyck p. Aus dem Dresdener Galleriewerk, wie die Folgenden. fol. Chines. Papier.

667. Mart. Engelbrecht. Idem p. fol. Ebenso.

668. 2 Bl. Der Wildprethändler, und die Wildprethändlerin. G. Metzu p. fol. Ohne breiten Papierrand.

669. Die Lautenspielerin. E. van der Neer p. fol. Chines. Papier. Ebenso.

670. Die Clavierspielerin. C. Netscher p. fol. Chines. Papier. Ebenso.

671. Tomiris erhält die Nachricht von der gegen die Perser verlorenen Schlacht. F. Guercino p. gr. qu. fol. Chin. Papier.

672. Der Zinsgroschen. Tizian p. fol. Ebenso.

673. 3 Bl. Die Anbetung der Weisen. Die Hochzeit zu Cana. Christus schleppt das Kreuz. Paul Veronese p. gr. qu. fol. Ebenso.

674. Scheheresade, Märchen erzählend. E. Jacobs p. Sächs. Kunstvereinsblatt. gr. qu. fol. Ebenso. An der Platte beschnitten.

A. Hauu.

675. Klosterkirchhof, nach dem eigenen Bild. gr. qu. fol. Tondruck auf Chines. Papier.

Fr. Hohe.

676. Der Morgen (Partie aus Partenkirchen). P. Hess p. gr. fol.

Fr. Jentzen.

677. Die Findung Mosis. Ch. Köhler p. Düsseldorfer Kunstvereinsblatt. gr. qu. fol.

678. Jeremias auf den Trümmern Jerusalems. E. Bendemann p. gr. qu. fol. Vorzüglicher Abdruck auf Chines. Papier.

H. Mützell.

679. Die Schleichhändler. C. F. Lessing p. qu. fol. Chines. Papier.

4

5

F. Piloty.

680. La Madonna di Tempi. Raphael p. fol.

N. Strixner.

681. Die Verkündigung Mariä. J. van Eyck p. Gallerie Boisserée. gr. fol. Tondruck auf dem ursprünglichen Untersatzbogen.

682. St. Christoph. H. Memling p. gr. fol. Ebenso.

J. Tempeltey.

683. Winterlandschaft. B. C. Koekkoek p. qu. fol. Vorzüglicher Abdruck auf Chines. Papier.

Ed. Uber.

684. Dr. H. Förster, Domcapitular in Breslau. R. Schall del. fol. Tondruck.

J. Weixelgärtner.

685. Die Schmiede. H. Bürkel p. qu. fol. Tondruck auf Chines. Papier.

C. Wildt.

686. Der Eremit. G. Dow p. gr. fol. Vorzüglicher Abdruck auf Chines. Papier.

L. Zöllner.

687. Portrait der Johanna von Arragon. Raphael p. Nach dem Bild bei Speck - Sternburg. fol. Chines. Papier. Nebst Textblatt.

Photographien (nach den Malern).

Paul Veronese.

688. Die Hochzeit zu Cana. Schöne Photographie nach einem Kupferstich. kl. qu. fol.

W. v. Kaulbach.

689. Das Zeitalter der Reformation. Nach dem Bild in Berlin. Albert phot. gr. qu. fol.

J. Knabl (Bildhauer).

690. Der Hochaltar in der Frauenkirche zu München. Reiches Werk in gothischem Styl. Albert phot. gr. fol.

Unbekannt.

691. Das Hauptportal der Lorenzkirche zu Nürnberg. fol. Etwas verblichen.

Handzeichnungen.

J. Eberenz.

692. Ein Waldteich mit einer Viehheerde und Fischern. Bez. 1805. Sepia auf grundirtem Papier. gr. qu. fol.

693. Waldpartie mit einer Heerde und zwei Angelfischern an einem Teich. Ebenso bezeichnet und von gleicher Ausführung. gr. qu. fol.

Kupferstiche, Radirungen etc.

H. Aldegrever.

694. 4 Bl. Die Geschichte des barmherzigen Samariters. qu. 8. B. 40—43. Gute Abdrücke, 1 Blatt schön. Beschnitten und aufgezogen.

695. 2 Bl. aus der Parabel vom reichen Mann. qu. 8. B. 47. 48. Schöne Abdrücke. Fleckig und beschädigt.

696. Der Weltheiland als Sieger. 8. B. 116. Guter Abdruck. Aufgezogen.

697. Die Mässigung. 8. B. 121.

A. Altdorfer.

698. Die Ruhe auf der Flucht nach Egypten. 8. B. 5. Schöner Abdruck.

699. Maria mit dem Kind. 4. B. 21. Späterer Abdruck.

700. Isaak's Opferung. Holzschnitt, wie die Folgenden. 8. B. 41. Späterer Abdruck, wie die Folgenden. Ein Riss unterlegt.

701. Jahel und Sisera. 8. B. 43.

702. St. Hieronymus. 4. B. 57.*

703. Der Fahnenträger. 8. B. 62.

Jost Amman.

704. Das Paradies. Holzschnitt. fol. Andr. 25. *) Späterer Abdruck.

H. Baldung-Grien.

705. Die Bekehrung des Saulus. Holzschnitt. fol. B. 33. Guter Abdruck. Aufgezogen und oben ein kleines Stück der Ecke restaurirt.

---

*) Der Deutsche Peintre-Graveur. Von Dr. A. Andresen. 3 Bde. Leipzig 1864—1867.

706. Der Kopf des Saturn. Lithographie von Schwemminger, nach der Zeichnung bei Erzherzog Carl in Wien. fol. Weigel 3052.*)

H. S. Beham.

707. Hiob und seine Freunde. qu. 8. B. 16. Guter Abdruck.
708. Die Madonna mit dem Papagei, genannt die schöne Mutter Gottes von Regensburg. 8. B. 17. Ganz wenig fleckig.
709. Christus bei dem Pharisäer. qu. 8. B. 25. Guter Abdruck.
710. 4 Bl. Die Geschichte des verlorenen Sohnes. qu. 8. B. 31—34. Schöne Abdrücke bis auf 1 Blatt, das etwas unrein von Druck ist. 1 Bl. wenig verschnitten und mit einem Riss.
711. Der verlorene Sohn. qu. 8. B. 35. Sehr beschädigt.
712. Die Religion. 8. B. 128. Späterer Abdruck.
713. Das gute Glück. 8. B. 140. Schöner Abdruck. Wenig gebräunt.
714. 2 Bl. Der Marktbauer, und die Bäuerin. 12. B. 186. 187. Schöne Abdrücke. Mit einer beriebenen Stelle am Schwert und einem Riss. Wenig fleckig.
715. 2 Bl. Bauern. 12. B. 188. 189. Copien.
716. Tam' our und Fähndrich. 8. B. 197. Guter Abdruck. Etwas fleckig und in der Schrift ein kleines Loch.
717. Die Larve. qu. 8. B. 231. Neuer Druck.
718. Die Vase mit den Kindern. 8. B. 242. Späterer Abdruck.
719. Die Grablegung Christi. Holzschnitt, wie die Folgenden. 8. B. 91. Eingetuscht.
720. Maria mit dem Kind. 8. B. 121. Späterer Druck.
721. Das Ornament mit der Maske. 4. Pass. 207. Aus V. Steinmeyer's Buch. Eingetuscht.

Jac. Bink.

722. Die Madonna auf dem Thron. 4. B. 20. Selten. Scharf beschnitten.
723. Der Tod und der Soldat. 8. B. 51. Gebräunt und kleiner Beschädigungen wegen aufgezogen.
724. Der Landsknecht und die Frau. 8. B. 72.
725. Der Soldat. 8. B. 77.

H. Brosamer.

726. 4 Bl. Biblische Darstellungen. Holzschnitte aus Büchern. 4.

*) Die Werke der Maler in ihren Handzeichnungen. Gesammelt und beschrieben von Rud. Weigel. Leipzig 1865.

J. Th. de Bry.

727. 2 Bl. Tanz der städtischen Patrizier, und Tanz der Bauern. Friesförmig. qu. fol. Selten. Etwas fleckig und wegen kleiner unwesentlicher Beschädigungen aufgezogen.

H. Burgkmair.

728. 10 Bl. Holzschnitte aus Cicero's Officia und aus dem Weisskunig. 4. qu. 8. Dabei 2 nicht dazu gehörige Blätter von V. Solis.

D. Chodowiecki.

729. C. G. von Thile. 8. Engelmann 97.*)
730. 12 Bl. moralischen und satyrischen Inhalts. 8. E. 269. Aus dem Kalender.

Luc. Cranach.

731. Die Busse des heil. Chrysostomus. fol. Schuchardt 1. Späterer Abdruck, wie gewöhnlich. Rechts beschnitten.
732. Der Sündenfall. Holzschnitt, wie die Folgenden. fol. Sch. 1. Schönes Blatt. Leider beschädigt und die Ecken oben um 2 Zoll abgeschnitten.
733. Die heil. Familie im Saal. qu. fol. Sch. 14. Etwas fleckig und an der linken Seite beschädigt.
734. St. Anna und Maria. fol. Sch. 83. Unten etwas beschnitten.

J. G. v. Dillis.

735. Der grosse Isarsteg in der Auvorstadt von München. Radirt. qu. fol. Ganz vorzüglicher Abdruck, aber nicht gut gehalten.

A. Dürer.

736. Die Madonna mit der Birne. 4. B. 41. Schöner Abdruck dieses anmuthigen Blattes, auf Papier mit dem Anker. Leider oben um 3 Linien verschnitten.

737. Christus am Kreuz. 8. B. 13. Schöner Abdruck. Mit Spuren von Farbe einer ehemaligen Uebermalung und ein Rändchen angesetzt.
738. Die Abnehmung vom Kreuz. 8. B. 14. Ganz vorzüglicher Abdruck. Ein Rändchen angesetzt und die oberen Ecken des weissen Hintergrundes fast unbemerkbar restaurirt.

*) D. Chodowiecki's sämmtliche Kupferstiche, beschrieben von W. Engelmann. Leipzig 1857.

739. Der kleine Courier. 8. B. 80. Guter Abdruck. Wegen kleiner Beschädigungen am Grund und Boden restaurirt und aufgezogen.
740. Der Koch und die Wirthin. 8. B. 84. Schöner Abdruck und mit etwas Rand.
741. Das monströse Schwein. 4. B. 95. Trefflicher Abdruck. Wegen Risse und dünner Stellen aufgezogen und scharf beschnitten.
742. Der grosse Cardinal. 4. B. 103. Schöner Abdruck. Dünne Stellen und Risse restaurirt, ein Rand angesetzt, und nicht ganz sauber.
743. Kain und Abel. Holzschnitt, wie die Folgenden. 8. B. 1. Schöner Abdruck. Sehr selten.
744. 2 Bl. Die Kreuzschleppung, und das Ecce Homo, aus der grossen Passion. fol. B. 9. 10. Alte und erste Abdrücke, mit dem Text auf der Rückseite. Unbedeutend fleckig.
745. Christus in der Vorhölle. Ebendaher. fol. B. 14. Alter Abdruck, ohne den Text.
746. 2 Bl. Christus am Oelberg, und die Klage. Ebendaher. fol. B. 6. 12. Spätere Abdrücke, ohne Text. 1 Blatt oben an der Ecke beschädigt.
747. Das heil. Abendmahl. qu. fol. B. 53. Guter Abdruck. Mit einem Fleck und unten an der Ecke ein Riss unterlegt.
748. Dasselbe. Die zweite Platte. qu. fol. B. 53 A. Etwas unreiner Druck. Oben gebräunt und ein kleiner Riss unterlegt.
749. 12 Bl. aus der Apocalypse des Johannes. fol. B. 60—75. Alte Abdrücke der zweiten Ausgabe, mit dem lateinischen Text auf der Rückseite. 1 Bl. ohne Text.
750. 8 Bl. aus dem Leben der Maria. fol. B. 77. 78. 80. 81. 85. 89. 94. 95. Gemischte Abdrücke, 3 Bl. in ersten Abdrücken, mit dem Text, die andern in zweiten Abdrücken, ohne den Text. 2 Bl. etwas fleckig.
751. St. Stephan, Gregor und Lorenz. kl. fol. B. 108. Etwas matt und leicht gebräunt.
752. St. Georg. kl. fol. B. 111. Etwas unreiner Druck und ein kleiner Riss unterlegt.
753. St. Hieronymus in der Höhle. 4. B. 113. Erster Abdruck mit der Jahreszahl.
754. Die acht Heiligen von Oesterreich. qu. fol. B. 116. Späterer Abdruck und wenig fleckig.
755. Die heil. Dreieinigkeit. fol. B. 122. Unreiner Druck

mit dem Plattensprung. Wegen Beschädigungen in den Ecken und oben am Rand aufgezogen.

756. Herkules. fol. B. 127. Späterer Druck.

757. Der Triumphwagen des Kaisers Maximilian. gr. qu. fol. von drei hier zusammengesetzten Blättern. B. 139. Die gute Kupferstichcopie wahrscheinlich von H. Ulrich.

758. Kaiser Max, ohne Einfassung. gr. fol. B. 154. Wegen Risse und einer Beschädigung in der untern linken Ecke aufgezogen.

759. Die Dornenkrönung Christi. fol. B. App. 4.

760. Das Ecce Homo. Clairobscur. fol. B. app. 5. Unreiner Druck.

761. Maria mit dem Kind. fol. B. App. 13. Mit dem Zeichen.

762. St. Christoph. fol. B. app. 16. Guter alter Abdruck.

763. St. Martin. fol. B. App. 18. Aelterer Abdruck mit dem Zeichen.

764. St. Barbara. fol. B. App. 24. Mit dem Zeichen.

765. St. Katharina. fol. B. App. 25. Aelterer Abdruck mit dem Zeichen. Beschnitten.

766. Das Antlitz Christi. Clairobscur. gr. fol. B. App. 27. Die Copie von Geuder. Tondruck.

767. Die Allegorie auf die Thorheit. qu. fol. B. App. 33. An der weissen Luft eine kleine Beschädigung.

768. Der Fackeltanz. qu. fol. B. App. 38. Späterer Abdruck.

769. Kaiser Carl V. fol. B. App. 41. Ebenso.

770. Der Altar, in drei Abtheilungen. fol. Heller 2054. Später matter Druck.

771. 2 Bl. Ludwig, König von Ungarn, und Maria, dessen Gemahlin. Kleine Medaillons. 8. H. 2166. 2167. Nicht von Dürer.

Blätter nach Dürer.

772. Moses empfängt die Gesetztafeln. Radirt. L. Strauch fec. 8. Heller 2237. Die Einfassung abgeschnitten.

773. Die Grablegung. Anonymer Stich. fol. H. 2254. Nach aller Adresse.

774. Christus erscheint Magdalena als Gärtner. D. Kruger sc. 4. H. 2255. Die Schrift abgeschnitten.

775. Brustbild des Heilandes. S. Bendixen lith. fol. H. 2258.

776. Der dornengekrönte Heiland im Brustbild. H. David sc. 4. H. 2266.

777. Aehnliches Bild. Unbezeichnete Photographie. 4.

778. Aehnliches Bild, der Heiland nackt. N. Strixner sc. gr. fol. H. 2264.

779. Die heil. Dreifaltigkeit. L. Krahe sc., nach der Zeichnung in Düsseldorf. fol. H. 2336.

780. Fragment eines Triumphzuges. N. Strixner lith., nach der Zeichnung in München. Tondruck. 4. H. 2432.

781. Der Pferdeknecht, angeblich nach einer Bronze. C. Pluth sc. 8. H. 2436.

782. 2 Bl. Kopf der Madonna, und Kopf des Johannes. N. Strixner und F. Piloty lith. 4. H. 2529. 2535.

783. 4 Bl. Damian van Goes, und 3 Portraits des H. Burgkmair, H. Holbein und H. von Culmbach aus Sandrart's Akademie. H. 2497 etc. 8.

M. Gereon.

784. 2 Bl. Compositionen aus der Offenbarung Johannis. Holzschnitte 1546. kl. fol. Pass. 1. Schöne alte Abdrücke.

G. Glockendon.

785. Das Gleichniss vom König und seinen Dienern. Holzschnitt. qu. roy. fol. von drei Stöcken. Derschau'scher Druck.

Urs Graf.

786. Das Hochgericht. 1512. Lithographie nach der Federzeichnung bei Erzherzog Carl. kl. fol. Weigel 8454.

Ant. Graff.

787. 2 Bl. Portraits, des Malers selbst, und des Prof. Sulzer. Originalradirungen vor der Schrift. gr. 8.

A. Hirschvogel.

788. Die Landschaft: Saule, Saule, quid me persequeris! kl. qu. fol. B. 77. Alt colorirt. An den Seiten etwas verschnitten.

H. Holbein.

789. Die Titelbordüre mit Porsenna und Mucius Scävola. Holzschnitt. 4. Pass. 91.

790. Die Titelbordüre mit neun Genien. Holzschnitt. 4. Pass. 103.

Lamb. Hofer.

791. 3 Bl. St. Hieronymus. Das Urtheil des Paris. Soldaten mit ihren Geliebten. Rund 12. B. 134. 135. 187. Auf einem Bogen.

J. A. Koch.

792. 1 Bl. Die Compositionen aus Dante's Hölle. Radirt. fol. qu. fol. Andr. 21--24.

Luc. van Leyden.

793. Die grosse Dornenkrönung Christi. 4. B. 69. Alter Abdruck. Oben ein kleiner Riss.

Mair v. Landshut.

794. Das junge Paar in der Thür, oder das Frauenhaus. kl. fol. Neuer Abdruck eines wohl mit Unrecht Mair zugeschriebenen Blattes aus der Zeit.

G. Pencz.

795. Der barmherzige Samariter. qu. 8. B. 68. Schöner Abdruck. Aufgezogen.
796. Die Bekehrung Saul's. qu. 8. B. 69. Trefflicher Abdruck. Etwas fleckig.

Joh. Chr. Reinhart.

797. Der junge ruhende Stier. Radirt. qu. 4. Andr. 44. Alter Abdruck.

Rembrandt.

798. Der erste Orientalen-Kopf (Portrait von Cats?). 4. B. 286. Später Abdruck.
799. Die Verkündigung an die Hirten. fol. B. 44. Späterer Abdruck.

E. Sadeler.

800. Pet. Breughel, in allegorischer Einfassung. B. Spranger inv. fol. Beschnitten.

H. Schäufelin.

801. Das Weltgericht. Holzschnitt. 8. Aus einem Buch.

G. F. Schmidt.

802. Des Künstlers Frau, nähend. 8. Jacoby 135.

Mart. Schön.

803. Die Anbetung der Weisen. fol. B. 6. Zweiter, ungeschickt retouchirter Abdruck. Etwas fleckig und ein kleiner Riss unterlegt.

Chr. Schwarz.

804. Christus am Kreuz. Lithographie nach der Handzeichnung bei Erzherzog Carl. fol. Weigel 8079.

H. Springinklee.

805. 9 Bl. Biblische und heilige Darstellungen. Holzschnitte aus einem Gebetbuch. 8. 1 Bl. fleckig, 1 Bl. verschnitten.

H. van Swanefelt.

806. 2 Bl. Die Spinnerin. Die Grotte der Nymphe Egeria. qu. fol. B. 78. 91. Zweite Abdrücke.

4*

J. Umbach.

807. 2 Bl. Die beiden Jäger, und der blasende Hirt. Radirt. 8.

C. Visscher.

808. Die grosse Katze. qu. 4. Wussin 152. Späterer Abdruck und aufgezogen.

Mich. Wohlgemuth.

809. Aebtissin und zwei Pilger. Lithographie nach der Zeichnung bei Erzherzog Carl. kl. fol. Weigel 8639.

Unbekannt.

810. Maria mit dem Kinde und zwei Engeln. Neuer Abdruck einer alten Platte, das Heiligthum der Metzgerzunft zu München 1501. qu. fol. Chines. Papier.

811. 6 Bl. Photographien nach altdeutschen Kupferstichen des Münchener Cabinets, nach V. Stoss, Al. du Hameel u. A. Dabei zwei Schrotblätter. Aus dem Löcherer'schen Werk. fol. 4.

Convolut.

812. 6 Bl. 3 Portraits von B. Kilian, G. M. Preisler und W. Heckenauer, 1 Radirung von S. Gessner aus der Folge und 2 altdeutsche Holzschnitte, wovon 1 Bl. aus Schedel's Chronik. fol. 8.

Lithographien.

Nach den Malern geordnet.

E. Bendemann.

813. Die trauernden Juden vor Babylon. C. Paaltzow lith. gr. qu. fol.

C. Begas.

814. Christus den Untergang Jerusalems weissagend. Frauenfeld lith. gr. qu. fol. Chines. Papier.

A. Brouwer.

815. Der Bauernarzt und die Bauernherberge. Zwei Bilder auf einer Platte. J. Wölffle lith. gr. qu. fol. Ebenso.

H. Memling.

816. 3 Bl. Der Altar der Greveradencapelle des Domes zu Lübeck. O. Speckter lith. In Umrissen. qu. fol. gr. fol. 1 Bl. mit einem Fleck.

E. Steinle.

817. Die egyptische schuldlose Büsserin, nach der Legende der heil. Maria von Cl. Brentano. Schott und Knauth lith. qu. fol. Tondruck. Selten.

A. van der Werff.

818. Die büssende Magdalena. W. Straucher lith. gr. fol Chines. Papier.

Gallerie Boisserée.

819. M. Grünewald. St. Anna mit dem Kind und Maria in einer Landschaft. J. P. Kehr lith. Tondruck, wie die Folgenden. fol. Ohne den ursprünglichen Untersatzbogen.

820. J. v. Calcar. Die segnende Maria in Engelsglorie. N. Strixner lith. gr. fol. Ebenso.

821. B. de Bruyn. 2 Bl. St. Johannes der Evangelist, und St. Catharina. Flügelbilder. Idem lith. gr. fol. Ebenso.

822. Derselbe. 2 Bl. Donatoren. Flügelbilder. Idem lith. Schmal gr. fol. Ebenso.

823. Derselbe. Der Tod des heil. Ewald. Idem lith. Auf dem ursprünglichen Untersatzbogen.

824. Meister Wilhelm v. Cöln. Das Schweisstuch der heil. Veronika. Idem lith. gr. fol. Ebenso.

825. H. Memling (richtiger der Meister des Elias). Abraham und Melchisedek. Idem lith. gr. fol. Ebenso.

826. Derselbe (derselbe). Das Mannasammeln der Israeliten. Idem lith. gr. fol. Ebenso.

827. Meister Wilhelm (richtiger Meister Stephan). 2 Bl. St. Catharina, Hubertus und Quirinus, und St. Anton, Cornelius und Magdalena. Idem lith. gr. fol. Ebenso. 1 Bl. auf einem andern Bogen.

828. Unbekannter kölnischer Meister. Die Krönung Mariä. Idem lith. gr. fol. Ebenso.

829. Luc. van Leyden (richtiger der Meister des Bartholomäus). St. Agnes, Bartholomäus und Cäcilia. Idem lith. gr. qu. fol. Ebenso.

830. Derselbe (derselbe). St. Johannes der Evangelist und St. Margaretha. Idem lith. fol. Auf einem andern Bogen.

831. Isr. v. Meckenen (richtiger der Meister der Lyvensbergischen Passion). Die Himmelfahrt Mariä. C. Heindel lith. gr. qu. fol. Auf dem ursprünglichen Untersatzbogen.

832. Derselbe (derselbe). Die Verkündigung Mariä. Idem lith. gr. qu. fol. Ebenso.

833. Derselbe (derselbe). Der Tempelgang der Maria. X.
Strixner lith. gr. qu. fol. Ebenso.
834. J. Schorcel (richtiger der Meister des Marientodes). 3 Bl.
Der Tod der Maria, und zwei Flügelbilder. Idem lith.
gr. fol. gr. qu. fol. Ebenso.
835. Mart. Schön. Der lehrende Bischof Servatius. Idem
lith. fol. Ebenso.

Portraits.

Blätter nach A. van Dyck.

836. Diego Phil. de Gusman. P. Pontius sc. 4. Weber 35.
Sehr seltener erster Abdruck mit M. van den Enden's Adresse. Mit einem unbedeutenden gelben Fleck.
837. Franz Thomas, Fürst von Savoyen. Idem sc. 4. Weber
48. Ebenfalls seltener erster Abdruck mit der
vorigen Adresse; jedoch der Druck stumpf und der
Stichrand ringsum restaurirt.
838. Em. Frockas Perera. Idem sc. 4. Weber 32. Nach
G. H. Bis zum Stich beschnitten.
839. Gustav Adolph, König von Schweden. Idem sc. 4. Weber 36. Nach G. H.
840. Joh. Tscherklas de Tilly. P. de Jode sc. 4. Weber 14.
Unreiner Abdruck, nach G. H.
841. Alb. Graf v. Wallenstein. Idem sc. 4. Weber 24. Nach
G. H.
842ᵃ. A. Spinola. L. Vorsterman sc. 4. Weber 80. Nach
G. H.
842ᵇ. Franz Thomas, Fürst von Savoyen, in Fruchtgehängen.
L. Louys sc. fol. Schöner Abdruck. Rand angesetzt.
843. Christian, Bischof von Halberstadt. R. van Voerst sc.
4. Guter Abdruck.
844. Ernst, Graf von Mansfeld. Idem sc. 4. Schöner alter
Abdruck. Ein Rand angesetzt.
845. Ferdinand von Oesterreich, Cardinal. A. Lommelin sc.
4. Alter Abdruck auf Schellenkappe.
846. Johann, Graf von Nassau. L. Vorsterman sc. gr. 4.
Schöner Abdruck.
847. Albert, Graf von Aremberg, zu Pferd. P. Baillin sc.
fol. Alter Abdruck. Wenig fleckig und ein Rand angesetzt.

C. Buno (Baun).

848. Albert Ferdinand, Herzog von Braunschweig. Ganze Figur in reicher Spitzentracht. fol. Selten, wie die Folgenden.
849. Christian, Herzog von Braunschweig, Bischof von Minden, in reicher allegorischer Einfassung. fol. Wurmlöcherig.
850. 2 Bl. August, Herzog von Braunschweig, Brustbild, und derselbe im Walde. fol. 1 Bl. gebräunt, das andere aus dem Buch.

J. Danckerts.

851. Philipp V. König von Spanien, zu Pferd. Im Grunde Madrid(?). gr. fol. Ein Riss unterlegt.

H. David.

852. Cardinal Richelieu, zu Pferd am Waldesrand. fol. Schöner Abdruck. Selten. Am Stich beschnitten.

W. J. Delff.

853. Christian, Herzog von Braunschweig, Bischof von Halberstadt. M. Mireveld p. fol. Guter Abdruck, wie die Folgenden. Selten.
854. Heinrich Matthäus, Graf von Thurn, General. Idem p. fol
855. Heinrich, Graf de Bergh, General-Gouverneur. Idem p fol. Links an der Einfassung restaurirt.
856. Heinrich, Prinz von Nassau. Idem p.(?) fol. Schöner Abdruck. Links und oben im Rahmen restaurirt.
857. Carl Ludwig, Pfalzgraf zu Rhein. Idem p. fol. Unten am Rahmen eine kleine Restauration.
858. Elisabeth, Kurfürstin, Königin von Böhmen. Idem p. fol.

J. Dürr.

859. Joh. Christian, Graf von Buchain. fol.
860. Georg Paykul, schwedischer General-Präfect. Kniestück. Idem p. fol.
861. Casp. Ermes, schwedischer Oberst. Idem p. kl. fol.

Jer. Falck.

862. Friedrich III. König von Dänemark, im Lorbeerkranz. gr. fol. Selten. Etwas matt. Zwei Risse unterlegt.

Seb. Furk.

863. Seb. Frangipani. kl. fol. Rand angesetzt.
864. 2 Bl. Gustav Adolph, König von Schweden, und Axel Oxenstierna. kl. fol.

Ph. Kilian.

865. Philipp, Markgraf von Baden. M. Merian p. fol.

62

Luc. Kilian.

866. Franz Wilhelm, Bischof von Osnabrück, in reicher allegorischer Umgebung. fol.
867. Joh. Suiccard, Erzbischof von Mainz, in allegorischer Umgebung. fol. (Von Wolf Kilian.)
868. Ernst, Markgraf von Brandenburg. kl. fol.
869. Franz de Traytorrens, schwedischer General. kl. fol.
870. 2 Bl. Joh. Georg aus dem Winckell, schwedischer Oberst. 4. kl. fol.
871. Graf Tscherklas de Tilly. 4.
872. Carl Adolph, König von Schweden. 4.
873. Christian IV. König von Dänemark. 4.
874. Sultan Hotomanus, türkischer Kaiser. gr. 8.

J. F. Leonart.

875. 2 Bl. Jaroslaus, Graf Martinitz, und Humbert, Graf Czernin. 4. 1 Bl. beschnitten.

A. Lommelin.

876. Leopold Wilhelm, Erzherzog, in allegorischer Einfassung. A. Sallart p. fol.

Jac. v. Heyden.

877. Friedrich Achill, Herzog von Würtemberg. C. Meelberger p. fol.
878. Georg Friedrich, Markgraf von Baden. Joh. v. Heyden p. fol.
879. 2 Bl. Otto, Pfalzgraf von Rhein, schwedischer General. Is. v. Heyden p. kl. fol.

W. Hondius.

880. 2 Bl. Friedrich, Kurfürst, König von Böhmen, und Gemahlin. fol. Am Rand etwas beschmutzt.
881. Wilhelm, Graf von Nassau-Le-Leck. E. van der Maes p. fol. Schöner Abdruck. Selten. Mit einer Druckfalte, einem Fleck und mit kleinen Rissen im Rand.

H. Hondius.

882. Maria Eleonora, Königin von Schweden. fol.
883. 2 Bl. König Ludwig XIII. von Frankreich, und dessen Gemahlin, Anna von Oesterreich. fol. 1 Bl. mit kleiner Beschädigung oben am Rand.
884. Gustav Horn, schwedischer Marschall. fol. Ein Riss im Rahmen unterlegt.
885. Albert, Graf von Wallenstein. fol.

886. 2 Bl. Axel Oxenstierna, und Herzog Bernhard von Sachsen. fol. Beschnitten und nicht ganz gut gehalten.

Pet. de Jode.

887. Octavio Piccolomini. 8.

P. Isselburg.

888. Kaiser Ferdinand II. fol.

889. Derselbe, anders. M. von Falkenburg p. fol.

890. 2 Bl. Joh. Suiccard, Erzbischof von Mainz, und Maximilian, Herzog von Bayern. G. Bruck p. fol. Ein Rand angesetzt.

891. 2 Bl. Albert, Graf von Wallenstein, und Ernst, Graf von Mansfeld. 4.

M. Merian.

892. 2 Bl. W. Verdugo, und Gustav Adolph, Graf von Löwenhaupt. kl. fol.

R. Nanteuil.

893. J. Mazarin, Cardinal. fol. R.-D. 174. Matter dritter Abdruck.

894. Henri de Turenne. Ph. de Champagne p. fol. R.-D. 232. Guter Abdruck. Am rechten Rand ein unbedeutender Fleck und links ein Rand angesetzt.

Cr. Passe.

895. 2 Bl. Friedrich, Kurfürst von der Pfalz, und dessen Gemahlin Elisabeth. 8. Der Rand angesetzt.

896. Christian IV. König von Dänemark. 8. Der Schriftrahmen gelb colorirt.

897. 2 Bl. Carl III. Herzog von Lothringen, und Peter Ernst, Graf von Mansfeld. Oval. 8.

S. Passe.

898. Christian IV. König von Dänemark. fol. Links im Rahmen eine kleine Restauration.

J. Pfann.

899. Octavio Piccolomini, zu Pferd; im Mittelgrund ein Reiterkampf. gr. fol. Ein Riss unterlegt.

P. Pontius.

900. Wilh. v. Lamboy, Feldmarschall. F. de Nys p. kl. fol. Im Schriftrand eine Restauration.

E. Sadeler.

901. Carl de Longueval, Graf Bucquoy, in reicher Einfassung. fol. Fleckig.

64

902. Kaiser Rudolph II. in Rüstung. fol. Im Schriftrand ein Brandflecken.

Luc. Schnitzer.

903. 2 Bl. Leonh. Torstenson, und Joh. Banner. fol.
904. Joh. Carl, Zeugmeister zu Nürnberg. Ganze Figur im Zeughaus. fol.

F. Stuerhelt.

905. Jul. Mazarin, Cardinal. Ph. de Champagne p. 4. Selten.

H. Ulrich.

906. Matthias, König von Ungarn, späterhin Kaiser. 4.

Unbekannt.

907. Friedrich, Markgraf von Baden. Aus früher Zeit der Schwarzkunst. fol. Ein Riss unterlegt.

E. v. Wehrbrunn.

908. Eugen, Graf von Fürstenberg. fol. Selten. Rand angesetzt.

S. Weishuhn.

909. 5 Bl. Sächsische Fürsten. Ganze Figuren. kl. fol.
910. Heinr. Math. Graf v. Thurn, in reicher Einfassung. fol.

Convolut.

911. Gegen 200 Portraits von Fürsten, Generälen, Staatsmännern zur Zeit des 30jährigen Krieges, zum Theil zu Büchern und Werken der Zeit gehörig, jedoch durchweg gut gehalten.

Autographen.

Von Fürsten und Feldherren des 30jährigen Krieges.

Der Catalog ist nach den Angaben des bisherigen Besitzers abgefasst.

912. **Ferdinand II.** Deutscher Kaiser. 1578—1637. *Lettre signée ½ pag. fol. avec Contrasign. Dat. Wien, d. 21. Januar 1625. Adr. Graf Stanislaus Thurzo de Bettleuffalva. Inh. Auf lateinisch.
913. Derselbe. *L. s. 3 p. fol. Dat. Wien, den 13. Februar 1631. Contrasign. P. H. v. Stralendorf, kaiserl. Reichskanzler. Adr. Sämmtliche Anhalt. Fürsten. Inh. Wegen des von den Magdeburgern an Oberstlieutenant Arendt Gebh. v. Stammern verübten Ueberfalls. Selten.

914. **Christian IV.** König von Dänemark. 1577—1648. *L.
s. ½ p. fol. Dat. Nienburg, d. 7. October 1625. Adr.
Bürgermeister und Rath der Stadt Braunschweig. Inh. Ersuchen um Herbeischaffung von Proviant und Munition.
Selten.

915. **Derselbe.** *L. s. 1 p. fol. Dat. Verden, d. 20. Juni
1625. Adr. Christian, Markgraf von Brandenburg. Inh.
Wegen Ernennung des Obersten B. J. v. Schlammendorf
zum General-Wachtmeister im dänischen Dienste. Selten.

916. **Bogislaus XIV.** Herzog von Pommern, † 1634. Der
letzte seines Geschlechts. *Lettre signée et complètement
autographe. ¹₂ p. fol. Dat. Alt-Stettin, d. 6. Febr. 1628.
Adr. Joh. Georg v. Arnim, kaiserl. Feldmarschall. Inh.
Anzeige seiner Bereitwilligkeit, mit dem Abgesandten Oberst-
lieutenant Joh. Friedr. v. Koeteritz persönlich zu conferi-
ren. Sehr selten.

917. **Georg,** Herzog von Braunschweig-Lüneburg. 1582—1641.
*L. s. ½ p. fol. Dat. Hildesheim, d. 26. Novbr. 1634.
Adr. Bürgermeister und Rath der Stadt Braunschweig.
Inh. Ersuchen, die Leiche des Obersten Friedr. Moritz v.
Uslar unentgeltlich auszuliefern.

918. **Christian** (der ältere), Herzog von Braunschweig-Lüne-
burg-Celle, Bischof von Minden. *L. s. 1 p. fol. Dat.
Celle, d. 13. August 1623. Adr. Bürgermeister und Rath
der Stadt Braunschweig. Inh. Zufuhr von Victualien für
die kaiserlichen Heere betr.

919. **Christian I.** Fürst von Anhalt-Bernburg. 1568—1630.
*L. s. e. c. a. 2 p. fol. Dat. Bernburg, d. 12. Februar
1626. Adr. abgeschnitten (an einen der Anhalt. Fürsten?).
Inh. Schritte gegen die Bedrückungen durch die kaiserl.
Armee betr.

920. **Christian II.** Fürst von Anhalt-Bernburg. 1599—1656.
*L. s. e. c. a. 1 p. fol. Dat. Bernburg, d. 29. Septbr.
1630. Adr. August, Fürst von Anhalt. Inh. Wegen der
Abschickung zum General-Wachtmeister des Holk'schen
Unterhalts, nebst des Gymnasii zu Zerbst, Nachstand halber.

921. **Joh. Georg I.** Kurfürst von Sachsen. 1585—1656. *L.
s. e c. a. 2 p. fol. Dat. Dresden, den 23. März 1644.
Adr. August, Fürst von Anhalt. Inh. Wegen Klagschrei-
ben des Joh. Fürst von Anhalt an die kaiserl. Commission
zu Wittenberg.

922. **Georg Wilhelm,** Kurfürst von Brandenburg. 1595—
1640. *Document sign. 1 p. pl. fol. Dat. Königsberg,
d. 5. Juli 1627. Inh. Aufforderung an alle seine Unter-

thauen, sich auf keinerlei Weise mit dem Feinde einzulassen. (Gedrucktes Edict.) Selten.

923. Carl I. (v. Nevers), Herzog von Mantua. *L. s. e. c. a. 1 1/2 p. fol. Dat. Mantua, d. 20. August 1635. Adr. Cardinal Buratto, Legat in Ferrara. Inh. Auf italienisch.

924. Maximilian I. Kurfürst von Bayern. 1573 –1651. *L. s. 1 1/2 p. fol. av. Contrasign. Dat. München, d. 19. Mai 1631. Adr. Bürgermeister und Rath der Stadt Wimpfen. Inh. Beschwerdeschreiben wegen Einnahme von würtembergischen Truppen, deren Wegschaffung verlangt wird.

925. Philipp IV. König von Spanien. 1605—1665. *L. s. av. Contrasign. 1 p. fol. Dat. Saragossa, d. 28. August 1646. Adr. Octavio Piccolomini, Herzog von Amalfi. Inh. auf Spanisch: Geheimschrift (Zifferschrift). Beilage: Einlage, 1/2 Seite folio auf Spanisch. Selten.

926. Tilly, Johan Tserklaes, Graf v. 1559. Blieb 1632 am Lech. *L. s. 1 p. fol. Dat. Hersfeld, d. 27. April 1625. Adr. Joh. Georg, Bischof von Bamberg. Inh. Billet, dem Hauptmann von Baumbach einen Musterplatz zur Errichtung seiner Compagnie anzuweisen. Selten.

927. Tilly, Werner Tserklaes, Freiherr v. † 1655. Kaiserl. General. *L. s. 1 1/2 p. fol. Dat. Weissenburg, d. 13. Februar 1639. Adr. Den Verordneten der Ob der Emsischen Landstände. Inh. Danksagungsschreiben nebst Versprechen, in Wien baldigst die Geldangelegenheiten zu ordnen.

928. Waldstein, Albrecht, Graf v. 1583—1634. Zwei gedruckte Broschüren über seine Ermordung 1634. Nebst Kupferstich von M. Merian mit der Darstellung des Mordes.

929. Kniphausen, Enno Willhelm, Freiherr v. Schwed. Oberst. *L. s. e. c. a. 3 p. fol. av. Postscript. autogr. Dat. Hamburg, d. 13. Januar 1638. Adr. Ludwig, Fürst v. Anhalt, schwed. General-Statthalter etc. Inh. Wegen Joh. Apelius, nebst Neujahrsgratulation und Kriegsnachrichten.

930. Düwall, Jacob. Schwed. Oberst im 30jähr. Kriege. *Doc. s. 1/2 p. fol. Dat. Auf dem Sande vor Breslau d. 21/31. December 1632. Inh. Zahlungs-Anweisung für den Rittmeister Caspar Pförtner v. Brückner. Sehr selten.

931. Bindhauff, Johann Rudolph v. Kaiserl. General-Feld-Wachtmeister. *L. a. s. 1/2 p. fol. Dat. Im kaiserl. Feldlager vor Stralsund, d. 16/n. Juli 1628. Adr. Ludwig, Fürst v. Anhalt, schwed. General-Statthalter etc. Inh. Bericht wegen der zu erwartenden Capitulation von Stralsund. Beilage. Auf der andern Seite eigenhändige Antwort Ludwig's

von Anhalt auf obigem Briefe. Köthen, d. 17. Juli 1628.
¹₂ Seite fol. Selten.

932. Baudissin, Wolf Heinrich, Graf v. Dän., schwed. und
sächs. General. *L. s. c. c. a. 1 p. fol. av. Postscript. autogr. Dat. Hall, d. 17. Febr. 1636. Adr. Ludwig, Fürst
von Anhalt, schwed. General-Statthalter etc. Inh. Entschul-
digung wegen vorgefallener Plünderung. Selten.

933. Königsmark, Joh. Christoph, Graf v. 1600—1663.
Schwed. General-Feldmarschall. *L. s. 1 p. fol. Dat. Halberstadt, d. 15. März 1644. Adr. Bürgermeister und Rath
einer Stadt, deren Name ausgewischt. Inh. Empfehlungs-
Schreiben für den schwed. Artillerie-Lieutenant Oloff Brandt.

934. Banér, Johan. 1596—1641. Schwed. Feldmarschall. *L.
a. 2½ p. fol. Dat. Egeln, d. 21 December 1633. Adr.
Ludwig, Fürst von Anhalt, schwed. General-Statthalter etc.
Inh. Wegen Verlegung einiger Compagnien des Herzogs
Wilhelm von Sachsen-Weimar in andere Quartiere, und
wegen Contribution. Beilage. Entwurf des Antwortschrei-
bens Ludwig's von Anhalt auf obigem, unterm 26. Decbr.
1633 erhaltenen Briefe. 2½ Seite fol. Selten.

935. Suys, Ernst, Graf v. Kaiserl. General-Feld-Wachtmeister.
*L. s. 1 p. fol. Dat. Hauptquartier Zeitz, d. 26. Mai 1642.
Adr. Bürgermeister und Rath der Stadt Pegau. Inh. We-
gen Einquartierung. Beilage. Auf der andern Seite noch
ein Brief mit eigenhändiger Unterschrift, dat. Zeitz, d. 29.
Mai. ½ Seite fol.

936. Bucheim, Joh. Christian, III. Graf v. Kaiserl. General-
Feld-Marschall, † 1657. *L. s. 1 p. fol. Dat. vor Cor-
nelisburg, d. 19. Juli 1646. Adr. Kriegs-Quartier-Directo-
rium. Inh. Zwei Bucheim'scher Reiter-Compagnien wegen.

937. Hatzfeld, Melchior v., Graf v. Gleichen. 1593—1658.
Kaiserl. General-Feldmarschall. *Doc. s. ¹₂ p. fol. Dat.
Hauptquartier Alter-Neuburg, d. 9. Mai 1636. Inh. Gene-
ralpass für Ludwig, Fürst von Anhalt, nebst Gefolge, nach
der Grafschaft Schaumburg.

938. Mansfeld, Wolfgang III. Graf v. Kaiserl. Feldmarschall.
*L. s. 2½. p. fol. Dat. Magdeburg, den 3. Juli 1631.
Adr. Sämmtliche Anhalt. Fürsten. Inh. Ersuchen, dem
abgesandten Commissär Graf (Eberhard) bei der Confisca-
tion der Güter der aufrührerischen Magdeburger zum Scha-
denersatze des beraubten Oberst-Lieutenant Stammer be-
hiflich zu sein.

939. Ossa, Wolfgang Rudolph v. Kaiserl. General. *L. s. e.
c. a. 1 p. fol. Dat. Mergentheim, den 4. Januar 1630.

Adr. Bürgermeister und Rath der Stadt Wimpfen. Inh.
Einquartierung und Contribution wegen. Sehr selten.
940. **Aldringer,** Johann, Graf. Kaiserl. Feldmarschall. *L. s.
c. c. a. 1¹⁄₂ p. fol. Dat. Hall in Sachsen, d. 4. April
1626. Adr. Bürgermeister und Rath der Stadt Wimpfen.
Inh. Ersuchen, einen Boten mit seinem, wegen veränder-
ter Marsch-Ordre erlassenen Schreiben an die aus dem
Lüttichschen heranziehende Kriegsmacht des Grafen v. Me-
rode abzuschicken. Selten.
941. **Schlick,** Heinrich, Graf zu Passaun. Kaiserl. General-
Feldmarschall. *L. s. 1 p. fol. Dat. Aschersleben, d. 12.
März 1626. Adr. Fürstl. Anhalt. Amtsleuten und Räthen
zu Köthen. Inh. Warnungsschreiben, ihn mit weitern Ersuchen, wegen Dislocirung seiner Reiter-Regimenter, be-
schwerlich zu fallen.
942. **Tiefenbach,** Rudolph, Freiherr v. Kaiserl. Feldmarschall.
*L. s. 1 p. fol. Dat. Reichenbach, d. 14. October 1631.
Adr. Bürgermeister und Rath der Stadt Liebe. Inh. Er-
wartet, durch den abgesandten General-Quartiermeister ihre,
der kaiserlichen Sache förderliche Gesinnung zu erfahren.
943. **Marradas,** Balthasar, Graf v. † 1640. Kaiserl. General-
Feldmarschall. **L. a. s. 1 p. fol. Dat. 1621. Adr. Sr.
Excellenz, General Graf Bucoy. Inh. Auf spanisch. Sehr
selten.
944. **Verdugo,** Wilhelm, Graf v. † 1629. Kaiserl. General
in Böhmen. *L. s. c. c. a. 1 p. fol. Dat. den 31. Mai
1627. Adr. Bürgermeister und Rath der Stadt Friedberg.
Inh. Zeigt an, dem Lieutenant des Hauptmann Beck be-
fohlen zu haben, die Stadtthore wie gewöhnlich öffnen zu
lassen. Selten.
945. **Breuner,** Seyfried Chr., Freiherr v. Kaiserl. General-
Feldzeugmeister. *L. s. 1 p. fol. Dat. Wien, d. 17. März
1613. Adr. Den Verordneten der Unter-Ennsischen Landstände. Inh. Zusageschreiben, sich am 24. März einzustellen.
946. **Collalto,** Raimbald XIII., Graf v. 1575—1631. Kaiserl.
Feldmarschall. *L. s. c. c. a. 1¹⁄₂ p. fol. Dat. Schwein-
furt, d. 8. Decbr. 1628. Adr. Joh. Georg, Bischof v. Bamberg. Inh. Bittet sich den Durchmarsch der nächstens ab-
zudankenden 5 Reiter-Compagnien aus. Selten.
947. **Pappenheim,** Gottfried Heinrich, Graf v. 1594—1632.
Kaiserl. Feldmarschall. *L. s. c. c. a. ¹⁄₂ p. fol. Dat.
Hauptquartier Gross-Stockhaim vor Wolfenbüttel, den 10.
September 1627. Adr. Bürgermeister und Rath der Stadt
Braunschweig. Inh. Beglaubigungsschreiben für den abge-

sandten Capitain-Lieutenant Wolfg. Rauch v. Vinnedamm.
Selten.
948. **Piccolomini,** Octavio, Graf v. Aragona, Herzog v. Amalfi.
1599—1656. Kaiserl. General. *Doc. s. $\frac{1}{2}$ p. fol. Dat.
Brüssel, d. 25. März 1645. Inh. Aufforderung an diejenigen in Wien, welche ihm gehörige Gelder von dem gefangenen Oberstlieutenant Graff zur Aufbewahrung empfangen,
solche an seinen Vetter, Graf Francesco Piccolomini, daselbst abzuliefern. Selten.
949. **Michna,** Paul, v. Waitzenhofen, Graf v. Oberkanzler von
Böhmen. *L. s. e. c. a. 1 p. fol. Dat. Hauptquartier Schwabach, d. 12. Juli 1632. Adr. Gebhard v. Questenberg, kaiserl. Kriegsrath. Inh. Ersuchen, nach Ordre des Herzogs
v. Friedland d für zu sorgen, dass zu Zwettel und Weidhofen in Unteröstreich die Recruten des Obersten Carretto
aufgenommen werden und ihm selbst sein Oberst-Deputat
entrichtet. Selten.
950. **Herbersdorf,** Adam, Freiherr v. 1585—1629. Kaiserl.
General. *L. s. $\frac{1}{2}$ p. fol. Dat. Lintz, d. 16. September
1620. Adr. Den Verordneten der Ob der Ennsischen Landstände. Inh. Ordre, nach dem Befehle des Kurfürsten
Maximilian von Baiern Geschütz etc. auf dem Schlosse zu
Lintz abzuliefern. Selten.

Kunstbücher, illustrirte Werke etc.

952. Allgemeines Künstlerlexikon. Von J. R. Füessli. 1. und
2. Theil, der letztere als Fortsetzung des erstern in 12
Abtheilungen. Zürich 1779—1816. fol. 6 IIlbfrzbde.
953. Geschichte der zeichnenden Künste, von J. D. Fiorillo.
9 Bde. Göttingen und Hannover 1798—1820. 8. Hlbfrzbd.
954. Kleinere Schriften artistischen Inhalts. Von demselben.
2 Bde. Göttingen 1803. 1806. 8. Hlbfrzbd.
955. II. R. Füesslin's kritisches Verzeichniss der besten, nach
den berühmtesten Malern aller Schulen vorhandenen Kupferstiche. 4 Thle. Zürich 1798—1806. 8. Pppbd.
956. Leben des Künstlers A. J. Carstens. Von C. L. Fernow. Mit Portrait. Leipzig 1806. 8. Pppbd. Selten.
957. Römische Studien, von C. L. Fernow. 3 Thle. Zürich
1806. 1808. 8. Pppbd.
958. Ph. Hackert. Biographische Skizze von Goethe. Tübingen 1813. 8. Pppbd.

959. Leben des B. Cellini. Uebersetzt von Goethe. 2 Thle. Tübingen 1803. 8. Pppbd.

960. Almanach aus Rom für Künstler und Kunstfreunde. Herausgegeben von F. Sickler und C. Reinhart. 2 Thle. Mit Kupfern. Leipzig 1810. 1811. 8. Pppbd.

961. Handbuch der Archäologie der Kunst. Von K. O. Müller. Breslau 1830. 8. Pppbd.

962. Pausanias' Beschreibung von Griechenland. Uebersetzt von J. E. Goldhagen. 4 Thle. 2. Aufl. Berlin 1798. 8. Pppbd.

963. Daktyliothek, d. i. Sammlung geschnittener Steine der Alten. Von Ph. D. Lippert. Dresden 1767. 4. Ldrbd.

964. Des M. Vitruvius Pollio Baukunst, übersetzt von A. Rode. 2 Bde. Leipzig 1796. 4. Pppbd.

965. Das grosse Maler-Buch. Von G. de Lairesse. 2 Thle. Mit vielen Kupfern. Nürnberg 1784. 4. Hlbfrzbd.

966. P. Camper, über den natürlichen Unterschied der Gesichtszüge, übersetzt von S. Th. Sömmering. — Derselbe, Vorlesungen an der Amsterdamer Zeichnen-Akademie, übersetzt von G. Schaz. Mit vielen Kupfern. Berlin 1792. 1793. 4. Pppbd.

967. Handbuch der Perspektive. Von J. A. Eytelwein. Mit 16 Kupfertafeln. Berlin 1810. 4. Pppbd.

968. Briefe über die malerische Perspektive von Horstig. Mit 32 Kupfertafeln. Leipzig 1797. 8. Pppbd.

969. Anleitung zur bürgerlichen Baukunst für die deutschen Schulen in den kaiserl. Staaten. Mit Kupfern. Wien 1795. 8. Pppbd.

970. Anleitung zur anatomischen Kenntniss des menschlichen Körpers für Zeichner und Bildhauer. Von J. H. Lavater. Mit Kupfern. Zürich 1790. 8. Pppbd. Mit handschriftlichen Zusätzen von Prof. J. Schall 1829.

971. Neue Art, die Aquatinta- oder Tuschmanier zu erlernen. Von P. W. Schwarz. Mit 7 Kupfern. Nürnberg 1805. 8. Pppbd.

972. Die Iliade und Odyssee des Homer von J. Flaxman. 34 und 28 Bl. Berlin, Th. Enslin 1817. qu. fol. Geh. Die Titelblätter etwas fleckig.

973. Die Begebenheiten des Ulysses nach der Abreise von Troja, nach Zeichnungen des Primaticcio von Nic. del Abbate in Fresko ausgeführt. Radirt von Th. van Thulden 1663. qu. 4. Titel und Bl. 45 u. 55 fehlen. Aufgezogen.

974. Basreliefs des Bildhauers A. Thorwaldsen. 1—3. Lfg.
Alexanders des Grossen Einzug in Babylon. 17 Bl. Nach
Zeichnungen von F. Overbeck, gestochen von P. Bet-
telini und D. Marchetti. qu. fol.

975. Neapel und Sicilien. Ein Auszug aus de Non's Voyage
pittoresque. 2 Theile in 4 Bänden. Gotha 1789—1806.
Mit Kupfern. 8. Pppbd.

976. Classische und topographische Reise durch Griechenland
in den Jahren 1801, 1805 und 1806, von E. Dodwell,
übersetzt von F. Sickler. 2 Bde. mit Lithographien.
Meiningen 1821. 8. Pppbd.

977. Reisen in Kleinasien und Griechenland. Von R. Chand-
ler. 2 Bde. Mit Kupfern. Leipzig 1776. 1777. 8. Pppbd.

978. Reisen durch Aegypten. Von V. Denon. Reise von Paris
nach Jerusalem. Von F. A. v. Chateaubriand. Uebersetzt. 2 Bde. Mit Kupfern. Leipzig und Berlin 1803.
1811. 8. Pppbd.

979. Reise durch Italien und Sicilien. Von A. W. Kephali-
des. 2 Thle. Mit Kupfern. Leipzig 1822. 8. Hlbfrzbd.

980. Malerische und historische Reise in Spanien. Von A. de
Laborde. Uebersetzt. 3 Bdchen. Mit Kupfern. Leipzig
1809. 8. Pppbd.

981. Sicilische Reise. Von C. Grass. 2 Thle. Nebst Kupferheft. Stuttgart 1815. 8. Pppbd.

982. Tagebuch einer Reise durch Deutschland und Italien 1804
—1806. Von Elise v. d. Recke. Herausgegeben von
Hofrath Böttiger. 4 Thle. Berlin 1815. 8. Pppbd.

983. Malerische Reise in Aegypten und Syrien. In 6 Bdn. Mit
103 Kupfern. Leipzig 1820. 8. Pppbd.

984. Briefe in die Heimat aus Deutschland, der Schweiz und
Italien. Von F. H. von der Hagen. 4 Bde. Mit Kupfern. Breslau 1813—1821. 8. Geh.

985. Die classischen Stellen der Schweiz, in Originalansichten
gezeichnet von G. A. Müller, in Stahl gestochen von H.
Winkles. Erläutert von H. Zschokke. Carlsruhe und
Leipzig 1836. gr. 8. Hlbfrzbd.

986. Tombleson's Rheinansichten. 2 Bde. Der Mittel- und
Ober-Rhein. Mit vielen Stahlstichen. London 1832. 8.
Hlbfrzbd.

987. Barber's pittoresque Illustrations of the Isle of Wight,
engraved (in Stahl) from Original Drawings. London, o. J.
8. Hlbfrzbd.

988. Ansichten von Spanien. Granada und Alhambra. Mit 21

Stahlstichen, nach Roberts, und 10 Holzschnitten. London 1835. 8. Illbfrzbd. Einige Kupfer etwas stockfleckig.

989. Die Donau, ihre Anwohner, Ufer, Städte, Burgen. Beschrieben von O. L. B. Wolff, illustrirt mit 80 Stahlstichen und 100 Holzschnitten von H. Bartlett. Leipzig 1843. 4. Eleg. Lwdbd.

990. Wanderungen im Norden von England. 2 Abtheilungen, jede mit 73 Stahlstichen. Uebersetzt von J. E. Stahlschmidt. London 1835. 4. Hlbfrzbd.

991. Die Schweiz, nach W. Beattie. In Stahlstichen nach Originalzeichnungen von Bartlett. Berlin und Wien o. J. 4. Illbfrzbd.

992. Constantinopel und die malerische Gegend der Sieben Kirchen in Kleinasien, nach der Natur gezeichnet von Th. Allom. Uebersetzt aus dem Englischen von J. Th. Zenker. 2 Bde. mit vielen Stahlst. Braunschweig 1841. 4. Illbfrzbd.

993. Italien classisch, historisch und malerisch in 60 Stahlstichen nach Zeichnungen von Brockedon, Stanfield, Prout u. A. 20 Lfgn. Leipzig 1846. 1847. 4. Geh.

994. Wanderungen durch Tyrol und Steyermark, von J. G. Seidl. 2 Bde., jeder mit 30 Stahlstichen. Leipzig o. J. 8. Illbfrzbd.

995. Tombleson's Ansichten von Tyrol, nach J. Allom's Zeichnungen. O. O. u. J. Illbfrzbd.

996. 30 Bilder zu Horaz' Werken. — 50 Bilder zu Virgil's Aeneide, gestochen unter Leitung von C. Frommel. Nebst Text. Beide Werke in einem Band. Carlsruhe o. J. 8. Illbfrzbd.

997. Picturae Raphaelis ex Aula et Conclavibus Palatii Vaticani in aereas Tabulas nunc primum omnes deductae. Franc. Aquila del. et sc. 19 Bl. Cplt. gr. fol. gr. qu. fol. Spätere Abdrücke.

998. Peintures du Cabinet de Jules II. au Vatican de l'Invention de Raphael. A Rome chez Th. Piroli. 2 Abtheilungen zu 8 und 6 Bl. kl. qu. fol. Geh.

999. Peintures de la Sala Borgia au Vatican de l'Invention de Raphael, recueillies par les Frères Piranesi et dess. (et grav.) par Th. Piroli. 12 Bl. nebst Titel. kl. qu. fol. Geh.

1000. Peintures de la Fable de Psyché par Raphael, tirées du Palais de la Farnesina. (Th. Piroli sc.) 10 Bl. nebst Titel. Nur die Zwickelbilder. kl. fol. Geh.

1001. Les 52 Tableaux représentant les faits les plus célèbres du vieux et du nouveau Testament peints à fresque par Raphael, gravés par S. Bianchi. Rom 1788. 52 Bl. nebst Titel und Portraits. qu. 4. Spätere Abdrücke mit gelöschter Adresse. Geh.

1002. Le Pitture di Raffaelle Sanzio esistenti nelle Stanze del Vaticano, di nuovo incise (di A. Banzi). 12 Bl. gr. qu. fol.

1003ᵃ. Geschichte der Malerei in Italien von F. und J. Riepenhausen. 1. und 2. Heft mit 24 Kupfern nebst Text. fol. qu. fol. (Nicht mehr erschienen.)

1003ᵇ. Peintures de la Villa Lante de l'invention de Jules Romain. Th. Piroli sc. 16 Bl. qu. 4. Geh.

1004. Pitture del Cavaliere Pietro Benvenuti, descritte da N. Palmerini et pubblicate da diversi Artisti (G. Rosaspina, G. B. Nocchi, G. Rivera, P. Trasmondi, G. Asioli etc.) 1—3. Heft mit 12 Kupfern. Pisa 1821. gr. fol.

1005. I principali Monumenti innalzati dal 1814—1823 da sua Maestà Maria Luigia Duchessa di Parma, pubbl. da P. Toschi, A. Isac e N. Bettoli, descritte da M. Leoni. 2 Hefte mit 15 Kupfern. Parma 1825. gr. fol. Das 1. Heft doppelt.

1006. Scelto di Vestiture contandinesche del Regno di Napoli. Neapolitanische Volkstrachten. Colorirte Lithographien. 4 Hefte mit 22 Bl. Neapel o. J. 4.

1007. N. X. Willemin. 12 Bl. Kupferstiche: mittelalterliche Miniaturen, nach den Originalen in Farben genau ausgeführt. 2 Bl. fehlen. — 26 Bl. englische politische Caricaturen, zum Theil von Cruikshank. fol. qu. fol. Alle diese Bl. in einen Sammelband eingeklebt.

1008. Nuova Raccolta di 50 Costumi pittoreschi incisi all' aqua forte da B. Pinelli. Roma 1816. qu. fol. Geh.

1009. B. Pinelli, istoria Romana. Radirt. Rom 1829. 95 Bl. Ein Hauptwerk des Meisters, leider nicht ganz vollständig, indem 5 Bl. fehlen. qu. fol. In einen Sammelband eingelegt und eingeklebt.

1010. 56 Bl. Italienische Costüme und Handwerke. Zeichnungen in Farben nach der Natur von D'Anna und G. Landolfi. fol.

1011. Suite de Vues pittoresques des Ruines de Pompeji, par H. Wilkins. 30 Kupfer in Aquatinta nebst Text. Rom 1819. qu. fol. Pppbd.

1012. Les Ruines de Pompeji, dessinées et mesurées par F.

74

Mazois 1809—1811. Ouvrage formant Atlantique, gravé
à Rome. Nur ein Bruchstück des Werkes mit 12 Kupfern und Text. gr. fol.

1013. Collection de Vues pittoresques des Ruines de Pompeji.
Mit Plan. Neapel 1820. 4. Brosch.

1014. 5 Bl. Ansichten von Pompeji nebst Plan. Colorirte Lithographien nach Huber. qu. fol.   •

1015. Vues pittoresques des Ruines et des principaux Monu-
ments de Pompeji. Naples 1826. 75 Bl. in Aquatinta,
zum Theil doppelt und mehrfach.

1016. Collection des Vases italico-grecs (étrusques), dessinées
par R. Gargiulo, gravées par R. Biondi. Naples 1822.
4. Nur das erste Heft mit 8 Kupfertafeln.

1017. Raccolta di Ornati esattamente da Marmi antighi copiati
da P. V. 40 Kupfertafeln. 4. Geh.

1018. Memorie sui Monumenti di Antichità e di belle Arti in
Meseno, Baja, Cuma, Pompeji, Pesto etc., di F. Nico-
lao. Nebst Kupferheft. Napoli 1812. 4. Geh.

1019. Raccolta de più belli Monumenti del Real Museo Bor-
bonico di Napoli. Pubbl. da Sig. Gargiulo 1825. 80
Bl. 4. Geh. Der Titel handschriftlich ergänzt.

1020. Ein Heft mit 10 Tafeln Abbildungen antiker Vasen in
Kupferstich. 4.

1021. Illustrazione di un Vaso italo-greco del Museo di M. Ar-
civescovo di Taranto, da A. A. Scotti. Mit 2 Kupfern.
Napoli 1811. 4. Geh.

1022. Treue Abbildungen der ägyptischen, griechischen und rö-
mischen Alterthümer, herausgegeben durch A. J. M***,
erklärt durch Prof. Ottenberger. 1. Abtheilung: Das
römische Kriegswesen. 33 Bl. Prag 1819. 4. Einige
Blätter etwas fleckig.

1023. Raccolta degli antichi Edifici di Catania, disegn. da S.
Ittar. 18 Kupfertafeln. Catania 1812. qu. fol.

1024. Reale Galleria di Firenze illustrata. Die Kupfer
in Umrissen meist vom jüngeren Lasinio. Serie I. Vol.
I. II. Serie II. Vol. I. Serie III. Vol. I. II. Serie IV.
Vol. I. II. Serie V. Vol. I. Firenze 1817. 8. Geh.
Nicht complet.

1025. Elementi di Paesaggio. 24 Bl. (von De Angelis auf
den Stein gezeichnet). Complete Folge. Napoli 1823.
qu. fol. Geh.

1026. Roccolti di 24 Vedute di Napoli, disegn. da A. Via-
nelly ed incise alla aquatinta da T. Witting. Nur das

1. Heft mit 5 Blatt. 4. Dabei Ansichten aus Mödling bei
Wien von H. Benedetti, welche nicht dazu gehören.

1027. Raccolta di 50 principali Vedute di Antichita tratti dai
Scavi fatti in Roma, disegn. ed incise all' aqua forte da
Luigi Rossini. Rom 1818. qu. fol. Geh.

1028. Le Antichita Romane ossia Raccolta delle più interessanti Vedute di Roma antica, disegn. ed incise all' aqua
forte dall' Architetto L. Rossini. 105 Bl. gr. fol. gr.
qu. fol. Interessantes und wichtiges Werk. Complet bis
auf den Titel, welcher fehlt. In zwei grosse Sammel-
bände eingelegt und eingeklebt.

1029. Nuova Raccolta di 25 Vedute antiche e moderne di Roma,
incise da celebri Incisori (P. Ruga, A. Poggioli, D.
Baldini etc.). qu. fol. Geh.

1030. Pomp. Schiantarelli, Architekt. 51 Bl. Ansichten an
der dalmatischen Küste mit den Wirkungen und Zerstö-
rungen des Erdbebens. A. Zaballi sc. fol. qu. fol. Geh.
Nicht complet und ohne Titel.

1031. Raccolta delle più interessanti Vedute della Città di Napoli, disegn. da G. Bracci ed incise in 30 Rami da A.
Cardoni. kl. qu. fol. Geh.

1032. Voyage pittoresqne, historique et géographique de Rome
à Naples, publ. à Naples 1823. 1824. 62 Kupfer in
Aquatinta. qu. fol. Pppbd.

1033. Dasselbe Werk. Pppbd.

1034. Raccolta di 24 Vedute di Napoli, disegn. ed incise da
Fl. Grosspietsch. Napoli 1826. qu. fol. Nur das erste
Heft mit 3 Blättern.

1035. Vues de Moscou, dessinées d'après nature et lithogr. par
A. Cadolle. qu. fol. 1. Lfg. mit 6 Bl. auf Chines. Papier. Dabei eine nicht dazu gehörige Ansicht.

1036. Recueil de Vues les plus agréables de Naples et de ses
Environs, dessinées par L. Fergola et gravées par V.
Aloja. qu. fol. Pppbd.

1037. Gabinetto di tutti le più interessante Vedute degli antichi Monumenti esistente in Pozzuolo, Cuma e Baja,
incise dal celebre Filippo Morghen. Napoli 1814.
41 Ansichten und 3 Pläne. qu. fol. Geh.

1038. Donau-Ansichten vom Ursprung bis zum Ausfluss in das
Meer. Nach der Natur und auf Stein gezeichnet von
Jac. Alt, gedruckt von A. Kunike. 67 Hefte mit 264
Ansichten, nebst Text und Karte. Wien 1820—1825.
qu. fol. Interessantes und vollständig selten vorkommen-

des Werk. Leider fehlen 12 Blätter und andere sind
etwas stockfleckig.

1039. La Légende du Juif-Errant. Compositions et Dessins
par Gust. Doré, gravées sur Bois par Rouget et A.
Poème avec Prologue par P. Dupont. Paris 1862. gr.
fol. Hlblwdbd. und Carton. Schönes Exemplar mit 12
grossen Holzschnitten.

1040. Les Vosges (die Vogesen). Par J. J. Bellel. 20 Dessins d'après Nature lithographiés par J. Laurens. Texte
par Th. Gautier. Paris 1860. fol. Hlbfrzbd. und
Lwdbd. Schönes Exemplar.

1041. A. Thorwaldsen. Alexander's Einzug in Babylon, nach
F. Overbeck's Zeichnung gestochen von S. Amsler.
22 Bl. qu. fol. Schöne alte Abdrücke. Der Text fehlt.

1042. Gallerie de Son Altesse Royale Madame Du-
chesse de Berri. École française moderne. Ouvrage
dédié à Son Altesse Royale et lithographié par d'ha-
biles artistes sous la direction de M. le Chevalier Bon-
nemaison, membre de la Légion d'Honneur, directeur
de la restauration des tables du Musée royale etc. etc.
Livraison 1—26, gegen 100 Blätter. Paris, Didot l'aîné
1822. gr. fol. Schönes completes Exemplar, auf
Chines. Papier. Text auf Jesu-Velin. Mit Pränume-
rantenverzeichniss.

1043. J. W. Meil's Kupferstiche. 856 Blatt, mit vielen Pro-
beabdrücken und Einfällen etc. In verschiedenem For-
mat. Aufgelegt in einem Sammelband in qu. fol. Mehrere
Blätter doppelt. Seltenes, vollständiges Werk aus Thier-
mann's Nachlass. Handexemplar des Meisters.

Versteigerungspreise

der

Kunst-Auction vom 28. Septbr. 1868.

(Sammlung von Prof. Jos. Schall u. A.)

Wo unter den Limiten weggegangen, entsprachen die Blätter etc. nicht den Anforderungen meiner Herren Committenten.

Rudolph Weigel.

Nummer	Rp.	Ngr.	Nummer	Rp.	Ngr.	Nummer	Rp.	Ngr.	Nummer	Rp.	Ngr.
1	5	3	34	1	10	69	1	4	103	3	1
2	2	18	35	—	4	70	3	27	104	--	15
3	—	18	36	2	2	71	—	2	105	7	—
4	—	27	37	1	16	72	4	4	106	4	16
5	—	15	38	1	10	73	—	6	107	—	21
6	22	16	39	—	2	74	—	13	108	1	20
7	6	5	40	—	12	75	1	4	109	—	15
8	12	—	41	—	1	76a	—	12	110	—	18
9	3	5	42	108	15	76b	—	23	111	—	6
10a	—	7	43	3	4	77	1	8	112	1	21
10b	3	8	44	5	—	78	—	5	113	3	4
11	1	2	45	1	6	79	1	5	114	3	20
12	1	15	46	1	4	80	1	—	115	12	4
13	—	12	47	2	8	81	—	13	116	—	6
14	2	--	48	3	3	82	—	18	117	16	10
15	2	—	49	1	26	83	—	10	118	23	18
16	—	17	50	—	3	84	—	12	119	6	4
17	—	7	51	—	8	85	—	9	120	—	17
18	—	8	52	—	8	86	—	8	121	15	—
19	1	4	53	--	11	87	—	21	122	2	1
20	—	25	54	—	12	88	—	—	123	—	5
21	—	12	55	—	1	89	2	3	124	9	6
22	1	2	56	2	5	90	1	18	125	1	20
23a	—	8	57	3	—	91	—	15	126	1	18
23b	1	26	58	—	1	92	—	20	127	—	24
24	—	15	59	—	6	93	1	10	128	6	5
25	—	12	60	—	11	94	1	20	129	—	15
26	—	5	61	3	16	95	1	5	130	3	28
27	2	21	62	—	6	96	8	13	131	2	20
28	1	27	63	1	18	97	6	8	132	6	5
29	—	9	64	—	6	98	3	15	133	—	10
30	—	10	65	—	10	99	7	—	134	1	—
31	—	6	66	—	19	100	9	10	135	—	10
32	—	8	67	1	8	101	4	10	136	—	17
33	—	2	68	2	21	102	2	8	137	—	3

Nummer	R_p	N_{gr}	Nummer	R_p	N_{gr}	Nummer	R_p	N_{gr}	Nummer	R_p
138	1	5	184	1	—	230*)	—	—	275	4
139	3	28	185	—	11	231	7	15	276	1
140	1	21	186	4	1	232	14	—	277	3
141	—	3	187	—	11	233	3	10	278	4
142	6	10	188	2	15	234	7	25	279	2
143	—	9	189	4	4	235	—	15	280	13
144	—	10	190	2	8	236	1	10	281	—
145	3	6	191	2	4	237	5	12	282	5
146	—	5	192	1	1	238a	—	10	283	1
147	—	1	193	1	12	238b	—	5	284	—
148	—	—	194	1	—	239	2	18	285	—
149	9	10	195	8	6	240	6	28	286	—
150	1	20	196	—	17	241	8	—	287	—
151	3	13	197	3	—	242	—	15	288	1
152	5	20	198	3	18	243	—	9	289	—
153	3	4	199	19	4	244	2	5	290	4
154	10	4	200	5	10	245	7	—	291	6
155	13	10	201	—	10	246	2	15	292	8
156	31	15	202	3	28	247	8	16	293	—
157	16	15	203	1	24	248	—	13	294	—
158	24	—	204	4	6	249	4	15	295	—
159	12	15	205	1	4	250	2	25	296	—
160	11	—	206	3	1	251	26	8	297	4
161	8	5	207	—	17	252	1	6	298	1
162	4	28	208	1	3	253	5	—	299	13
163	3	16	209	1	3	254	3	25	300	6
164	2	12	210	—	10	255	2	2	301	1
165	1	28	211·	—	3	256	2	10	302	5
166	2	5	212	—	10	257	4	8	303	—
167	—	18	213	—	26	258	—	15	304	1
168	—	21	214	—	10	259	3	5	305	—
169	—	7	215	1	13	260	3	20	306	1
170	16	—	216	18	22	261	7	10	307	—
171	14	5	217	7	28	262	—	9	308	—
172	60	—	218	4	10	263	—	25	309	13
173	1	6	219	—	12	264	—	10	310	4
174	—	14	220	5	25	265	—	12	311	4
175	—	5	221	1	3	266	—	8	312	1
176	—	8	222	1	11	267	1	3	313	1
177	—	12	223	—	5	268	1	15	314	—
178	—	12	224	—	10	269	1	2	315	3
179	6	—	225	19	6	270	—	2	316	—
180	10	6	226	—	25	271	3	15	317	—
181	3	4	227	11	14	272	3	10	318	—
182	3	20	228	1	—	273	4	16	319	—
183	—	14	229	5	26	274	11	4	320	3

*) Nr. 230 wurde zu Nr. 42 gezogen.

Nummer	Rₐ	Ngr.	Nummer	Rₐ	Ngr.	Nummer	Rₐ	Ngr.	Nummer	Rₐ	Ngr.
321	—	10	367	—	18	413	1	8	459	—	27
322	—	9	368	4	20	414	2	15	460	—	14
323	1	11	369	4	6	415	8	15	461	—	1
324	—	5	370	—	25	416	—	1	462	3	15
325	—	8	371	—	1	417	—	8	463	—	7
326	—	15	372	7	16	418	—	9	464	—	3
327	3	28	373	6	18	419	—	8	465	2	5
328	3	5	374	3	24	420	3	24	466	—	10
329	3	10	375	4	4	421	—	6	467	—	3
330	—	15	376	1	—	422	—	5	468	1	8
331	—	16	377	5	28	423	—	1	469	—	3
332	—	6	378	—	4	424	10	20	470	—	3
333	10	15	379	4	28	425	2	10	471	—	16
334	—	3	380	5	6	426	82	—	472	—	10
335	2	—	381	3	—	427	18	15	473	3	25
336	2	10	382	—	1	428	4	15	474	1	16
337	1	4	383	3	25	429	1	25	475	—	8
338	—	24	384	1	16	430	1	4	476	3	1
339	—	8	385	3	10	431	11	1	477	4	—
340	—	20	386	1	23	432	—	3	478	1	12
341	1	8	387	—	5	433	—	12	479	3	1
342	—	3	388	1	20	434	2	10	480	—	1
343	—	3	389	1	12	435	1	16	481	4	20
344	—	9	390	4	—	436	1	25	482	3	—
345	—	4	391	—	10	437	4	26	483	—	5
346	6	5	392	3	20	438	—	3	484	—	10
347	—	16	393	—	1	439	8	25	485	3	10
348	7	20	394	80	14	440	1	—	486	1	4
349	10	18	395	19	10	441	1	11	487	—	—
350	3	10	396	7	—	442	1	1	488	—	5
351	1	11	397	—	4	443	4	5	489	14	—
352	—	18	398	4	—	444	19	5	490	1	22
353	1	4	399	15	28	445	1	7	491	2	10
354	—	24	400	3	10	446	—	10	492	—	7
355	—	4	401	4	15	447	1	21	493	—	3
356	—	5	402	1	1	448	—	20	494	—	11
357	—	5	403	3	5	449	4	15	495	—	4
358	—	9	404	7	5	450	6	17	496	2	6
359	2	5	405	21	—	451	5	25	497	3	—
360	67	—	406	1	12	452	1	3	498	—	1
361	4	25	407	1	20	453	—	2	499	7	—
362	8	5	408	30	5	454	—	10	500	—	24
363	3	1	409	1	1	455	—	10	501	—	8
364	16	—	410	5	8	456	12	5	501	—	18
365	3	2	411	—	25	457	—	12	503	—	10
366	2	3	412	1	5	458	7	10	504	—	3

Nummer	Rℓ	Ngr	Nummer	Rℓ	Ngr	Nummer	Rℓ	Ngr	Nummer	Rℓ	Ngr
505	1	12	551	—	7	597	4	1	643	5	—
506	6	5	552	6	1	598	7	20	644	—	15
507	12	20	553	1	5	599	1	11	645	—	22
508	1	5	554	—	22	600	1	6	646	2	26
509	1	10	555	6	20	601	—	13	647	4	4
510	1	1	556	2	5	602	—	13	648	—	11
511	1	20	557	1	15	603	3	1	649	1	9
512	—	3	558	2	—	604	2	15	650	1	7
513			559	3	—	605	—	25	651	5	4
514	3	10	560	—	11	606	2	3	652	3	—
515	41	—	561	2	18	607	3	1	653	1	21
516	8	15	562	—	28	608	1	11	654	—	14
517	—	4	563	7	—	609	2	10	655	—	14
518	17	20	564	—	26	610	3	15	656	—	—
519	4	24	565	—	15	611	2	21	657	9	—
520	2	1	566	14	5	612	—	4	658	—	22
521	3	5	567	4	5	613	2	—	659	—	1
522	1	6	568	—	26	614	6	5	660	—	21
523	—	15	569	—	1	615	13	1	661	—	12
524	9	—	570	—	18	616	4	15	662	—	21
525	—	3	571	1	14	617	—	20	663	—	5
526	1	16	572	73	—	618	—	5	664	—	24
527	13	—	573	—	26	619	1	22	665	—	10
528	—	13	574	1	15	620	5	15	666	—	—
529	5	1	575	1	29	621	3	6	667	—	1
530	—	14	576	—	28	622	2	6	668	1	18
531	1	1	577	4	20	623	2	20	669	1	8
532	1	5	578	4	15	624	1	13	670	1	6
533	2	20	579	1	6	625	1	1	671	—	20
534	1	—	580	2	20	626	—	5	672	—	23
535	1	8	581	1	12	627	—	17	673	2	28
536	—	18	582	—	4	628	—	13	674	—	3
537	6	6	583	1	14	629	2	6	675	1	23
538	—	11	584	2	4	630	2	—	676	—	1
539	—	12	585	4	20	631	2	24	677	—	20
540	13	—	586	1	15	632	2	—	678	1	6
541	—	5	587	2	25	633	1	12	679	1	2
542	—	11	588	1	26	634	2	5	680	—	14
543	3	4	589	1	16	635	2	11	681	1	3
544	1	18	590	3	—	636	—	29	682	—	16
545	—	3	591	1	6	637	1	1	683	—	21
546	1	—	592	62	—	638	1	20	684	—	—
547	1	4	593	1	—	639	5	12	685	—	12
548	2	10	594	2	—	640	1	8	686	1	15
549	—	10	595	1	28	641	2	14	687	—	12
550	1	15	596	2	-	642	4	2	688	1	23

ummer	$\mathcal{R}$	$N\!g\!r$	Nummer	$\mathcal{R}$	$N\!g\!r$	Nummer	$\mathcal{R}$	$N\!g\!r$	Nummer	$\mathcal{R}$	$N\!g\!r$
689	3	21	735	—	12	781	—	—	827	—	9
690	—	7	736	5	15	782	—	—	828	—	16
691	—	1	737	1	25	783	—	1	829	—	16
692	—	1	738	4	28	784	1	20	830	—	12
693	—	1	739	2	—	785	—	25	831	—	22
694	1	3	740	4	26	786	—	1	832	—	24
695	—	4	741	2	14	787	—	2	833	1	8
696	—	15	742	2	21	788	—	9	834	—	27
697	—	3	743	12	—	789	—	6	835	—	20
698	1	21	744	4	4	790	—	14	836	2	16
699	—	8	745	1	21	791	—	1	837	—	29
700	—	4	746	1	12	792	3	—	838	—	5
701	—	4	747	1	9	793	—	21	839	1	6
702	—	12	748	—	20	794	—	3	840	—	5
703	—	8	749	18	—	795	2	2	841	—	5
704	1	8	750	10	5	796	2	1	842a	—	6
705	—	15	751	—	4	797	—	—	842b	—	8
706	—	—	752	1	—	798	—	3	843	—	7
707	2	6	753	2	1	799	—	12	844	1	10
708	2	5	754	—	24	800	—	18	845	—	5
709	1	11	755	—	5	801	—	5	846	—	4
710	3	1	756	1	8	802	—	13	847	—	9
711	—	1	757	—	10	803	3	1	848	1	5
712	—	4	758	1	10	804	—	—	849	—	3
713	1	20	759	—	13	805	—	3	850	—	1
714	1	4	760	2	—	806	—	2	851	—	10
715	—	1	761	—	24	807	—	12	852	—	17
716	—	11	762	1	2	808	—	15	853	—	22
717	—	3	763	—	25	809	—	—	854	—	19
718	1	—	764	—	18	810	—	4	855	—	11
719	—	3	765	—	14	811	—	6	856	—	13
720	—	3	766	—	3	812	—	3	857	—	15
721	—	19	767	—	24	813	—	3	858	4	16
722	3	4	768	—	19	814	—	25	859	—	2
723	—	11	769	—	25	815	—	2	860	—	5
724	—	20	770	—	10	816	—	10	861	—	5
725	2	—	771	—	3	817	—	2	862	1	27
726	—	1	772	—	—	818	—	1	863	—	2
727	2	10	773	—	—	819	—	12	864	—	14
728	—	3	774	—	—	820	—	21	865	—	3
729	—	4	775	—	—	821	—	24	866	—	19
730	—	2	776	—	2	822	—	4	867	—	5
731	1	6	777	—	—	823	—	21	868}		
732	1	7	778	—	8	824	—	20	869}	—	6
733	—	13	779	—	—	825	1	7	870}		
734	—	29	780	—	1	826	1	5	871	—	20

www.ingramcontent.com/pod-product-compliance
Lightning Source LLC
Chambersburg PA
CBHW031449270326
41930CB00007B/920